A JUSTIÇA CHEGOU?

A JUSTIÇA CHEGOU?

Antonio Ferreira Couto Filho
Alex Pereira Souza
Janaina Pereira dos Santos

2023

A JUSTIÇA CHEGOU?

Antonio Ferreira Couto Filho — Alex Pereira Souza — Janaina Pereira dos Santos

Produção editorial
Projeto gráfico
Diagramação

PRESTO | Catia Soderi

© 2021 Editora dos Editores

Todos os direitos reservados. Nenhuma parte deste livro poderá ser reproduzida, sejam quais forem os meios empregados, sem a permissão, por escrito, das editoras. Aos infratores aplicam-se as sanções previstas nos artigos 102, 104, 106 e 107 da Lei nº 9.610, de 19 de fevereiro de 1998.

Editora dos Editores
São Paulo: Rua Marquês de Itu, 408 - sala 104 – Centro.
(11) 2538-3117
Rio de Janeiro: Rua Visconde de Pirajá, 547 - sala 1121 – Ipanema.
www.editoradoseditores.com.br

Impresso no Brasil
Printed in Brazil
1ª impressão – 2022

Este livro foi criteriosamente selecionado e aprovado por um Editor científico da área em que se inclui. A Editora dos Editores assume o compromisso de delegar a decisão da publicação de seus livros a professores e formadores de opinião com notório saber em suas respectivas áreas de atuação profissional e acadêmica, sem a interferência de seus controladores e gestores, cujo objetivo é lhe entregar o melhor conteúdo para sua formação e atualização profissional.
Desejamos-lhe uma boa leitura!

Dados Internacionais de Catalogação na Publicação (CIP)
(Câmara Brasileira do Livro, SP, Brasil)

Couto Filho, Antonio Ferreira

A justiça chegou? / Antonio Ferreira Couto Filho, Alex Pereira Souza, Janaina Pereira dos Santos. -- 1. ed. -- São Paulo : Editora dos Editores, 2023.

ISBN 978-65-86098-97-6

1. Romance brasileiro I. Souza, Alex Pereira. II. Santos, Janaina Pereira dos. III. Título.

22-125913   CDD-B869.3

Índices para catálogo sistemático:
1. Romance : Literatura brasileira B869.3
Aline Graziele Benitez - Bibliotecária - CRB-1/3129

SOBRE OS AUTORES

Antonio Ferreira Couto Filho

Pós-graduado em Responsabilidade Civil pela EMERJ (Escola de Magistratura do Estado do Rio de Janeiro); advogado há 40 anos; conferencista e assessor jurídico de várias Sociedades Médicas; Presidente da comissão permanente de Biodireito do Instituto dos Advogados Brasileiros e co-autor das obras: "A improcedência do suposto erro médico", "Responsabilidade Civil Médica e Hospitalar" e "Instituições de Direito Médico" – Professor do MBA em Saúde da UFRJ (Copead).

Alex Pereira Souza

Pós-graduado em Direito Civil e Processual Civil, membro do Instituto dos Advogados Brasileiros e co-autor das Obras "A improcedência do suposto erro médico", "Responsabilidade Civil Médica e Hospitalar" e "Instituições de Direito Médico"– Professor convidado dos Cursos de Pós-graduação de Responsabilidade Civil e Direito do Consumidor da EMERJ (Escola de Magistratura do Estado do Rio de Janeiro).

Janaina Pereira dos Santos

Coordenadora do contencioso da banca de advogados A.Couto & Souza, Pós-graduada em Processo Civil, Professora convidada do curso de perícia médica pela Escola de Saúde do Exército e Conferencista em Congressos Médicos.

PREFÁCIO

Depois de alguns livros editados, todos técnicos, na área do direito, ousamos trazer o universo jurídico para um romance. Sim, uma obra baseada em uma história jurídica real, que tivemos a honra de patrocinar a defesa, mas que tem a proposta – e esperamos ter alcançado esse propósito – de levar ao leitor a via crucis porque passa um profissional médico ao ser processado e julgado em razão de sua conduta profissional. Mais do que isso, proporcionar ao caro leitor, de maneira romanceada, a vida pessoal por trás do jaleco branco.

Em processo judicial, se ganha e se perde, por óbvio. Aliás, alguém irá ganhar e, por conseguinte, a outra parte irá perder. Ou seja, sempre haverá um vitorioso e um derrotado na lide processual, isto é, na ação propriamente dita.

Porém, uma coisa é certa: o profissional da saúde perde tempo e paz ao longo de anos de uma demanda no judiciário, mesmo quando sai vencedor.

Nosso objetivo foi dar maior leveza a um assunto tão espinhoso, se é que é possível tal tarefa. Exortar a reflexão de todos acerca dos componentes existentes no pré, per e pós demanda judicial é missão importantíssima, principalmente nos tempos atuais, em que vemos a veemência e o radicalismo das pessoas, para não dizer fúria, em muitos casos do chamado "erro médico".

A pretensão não é dizer que não existem falhas. Em todo segmento de atividade humana haverá, certamente, aqui ou acolá, problemas de toda ordem. No entanto, não temos dúvida que há, também, e infelizmente em grande proporção, certa direção à judicialização, em inúmeras situações sem filtro ou análise prévia, pensamento que, no nosso entender, está na contramão do espírito de acolhimento, empatia, mediação e conciliação.

O Estado, em suas formas de exteriorização, é instituição que deve proteger constitucionalmente a todos. Nesse diapasão, encontra-se, a toda evidência, o poder-dever de dispor de meios eficazes para contribuir com a paz social.

Os nomes aqui foram substituídos, são fictícios, mas a história, como dito alhures, é real. Esperamos que traga a todos, profissionais da saúde em particular, e sociedade em geral, profunda meditação sobre o papel das nossas instituições e de cada ator – paciente, médico, enfermeiro, hospital, advogado, juiz, promotor de justiça, etc – nessa importante jornada em buscar a dignidade da pessoa humana.

Os autores

Sumário

Introdução 1

▸ Primeira Testemunha: João Paulo Menezes 15

1. JURAMENTO DE HIPÓCRATES 21

   ▸ Segunda Testemunha: José Carlos Pereira Filho 28

2. CETICISMO E RELIGIOSIDADE 29

3. ROBERTO 37

4. TOQUINHO 39

   ▸ Terceira Testemunha: Ana Flores Murtinho 46

5. FILHOS 47

6. FAMÍLIAS 53

   ▸ Acusada: Paula Souza de Albuquerque 57

7. MEU PAI 59

   ▸ Quarta testemunha: Cecília 62

8. HUMANIDADE 65

9. MINHA VEZ 67

   ▸ Quinta testemunha: Marta 71

   ▸ Sexta testemunha: Marisa 75

10. 2012 — INÍCIO DO CALVÁRIO 79

    ▸ Sétima testemunha: Dona Rosa 83

11. 2013 — SEGUNDO ANO COMO RÉU 85
12. 2014 — TERCEIRO ANO COMO RÉU 87
13. 2015 — QUARTO ANO COMO RÉU 89
14. 2016 — QUINTO ANO COMO RÉU 91
15. 2017 — SEXTO ANO COMO RÉU 93
16. A NOITE DA TORMENTA.. 95
17. AINDA SOBRE AQUELA NOITE 103

> Oitava testemunha: José Martins Seabra 105

18. PARTO 107

> Nona testemunha: Roberto Vicente Costa 109

19. ENTRE A GUERRA E A PAZ.. 113
20. GUSTAVO.. 117

> Décima testemunha: Com a palavra, Carla Barreto 118

21. 2021 — DÉCIMO ANO COMO RÉU 125

Acordo sobressaltado, coração acelerado, boca seca, empapado em suor. Tudo é silencio. Lá fora apenas o canto esporádico de um grilo e ao longe um cachorro latindo. A cada dia, levo mais tempo para me recuperar desses pesadelos que me acometem há muitos anos. Sou merecedor de cada um deles, jamais negaria. Às vezes, gostaria de esquecer... às vezes eu só gostaria de esquecer. Todas as minhas noites parecem ser uma extensão de apenas uma. Creio que todo ser humano tem uma marca divisora em sua vida, uma linha que delimita um antes e um depois. Assim como nossa própria história ocidental é delimitada por antes de Cristo e depois de Cristo. A grande questão é a natureza dessa fronteira, não é nem tanto o que a precedeu, nem o que a sucederá, mas sim como ela influenciará o passado e presente. Essa linha pode se constituir de várias maneiras. Alguns dão sorte na vida. Não foi meu caso. Se alguém me dissesse que alguma coisa seria capaz de mudar o passado, até um determinado momento da vida, eu não acreditaria. Mas senti na pele e pude comprovar que sim, o passado pode ser modificado quando atravessamos a fronteira do antes e do depois. Não sabemos onde ela se encontra. Apenas nos damos conta quando estamos do outro lado e já é tarde demais. Ela vem a nós e não nós a ela. Ela muda o passado porque tudo que você, até então, havia construído e imaginava inabalável rui como um prédio sem alicerce.

A base implode, em poucos segundos, o que você leva para construir uma vida inteira. Minha reputação, meu passado, minha vida profissional, minha imagem perante minha família e meus pares desmoronaram bem diante dos meus olhos, sem que eu pudesse fazer absolutamente nada além de assistir, terrificado, à minha própria queda.

Desde menino a vida humana me pareceu frágil e delicada. Quando assisti, pela primeira vez, a um parto, foi por uma tela de tv, daquelas antigas que tinha tubo de imagem. Eu tinha seis anos e aquelas imagens nunca saíram da minha cabeça. Meus pais, desde cedo, fizeram questão que seus quatro filhos fossem apresentados a determinadas realidades da vida, nuas e cruas, tais quais se apresentavam. Mas todo esse realismo no qual éramos inseridos era seletivo. De maneira que tudo bem acreditar em Papai Noel, mas cegonha, não, nem pensar. Meu pai foi obstetra. Era um homem da ciência. Ateu convicto. Minha mãe era uma designer de interior, católica fervorosa. Desde muito novos, minhas três irmãs e eu fomos apresentados ao corpo humano, para certa apreensão de minha mãe, que, como boa religiosa, moralizava qualquer nudez. Mas papai sempre nos mostrou fotos de cadáveres despidos, ilustrações pedagógicas, vídeos de partos (ele amava seu trabalho), etc. Assisti, pela primeira vez ao vivo, a um chamado "parto humanizado" aos nove anos de idade, na casa de amigos da minha família. Nessa ocasião, fui apresentado a uma doula. Papai era contra esse procedimento, mas me levou para assistir de perto ao nascimento de uma criança, não sem antes enfrentar alguns veementes protestos da minha mãe. "Besteira, é só o nascimento de uma criança. Coisa mais natural do mundo. Não tem problema nenhum dele assistir". Ao mesmo tempo em que estava ansioso e curioso para saber como seria, meu coração batia muito forte e toda a cena me impressionou bastante. Parecia que a grávida morreria, de tanto que gritava. Papai estava tranquilo, sentado no sofá, fumando um cigarro de cheiro adocicado junto ao pai da moça, a qual estava parindo. Ele estava ali na qualidade de amigo da família, mas em segredo havia sido o pai da menina que o havia chamado, para o caso de algo dar errado naquele procedimento duvidoso. Nada deu errado, mas eu fiquei bem impressionado com a cena toda, e tanto meu pai quanto o da gestante riam de mim com gosto. Quando vi a cabeça da criança para fora do corpo da mulher, pensei em meu próprio nascimento, e aquilo me deu certa asfixia. Muitas imagens me vieram à mente, como fotos que passam muito rápido em um telão: minha mãe, eu quando bebê, meu pai no hospital, sangue, placenta, bebês, etc. Aquele não foi um nascimento tão rápido. Ao menos não em minha percepção infantil.

Durante parte da minha infância e de toda adolescência, estive perto do meu pai, em seu ofício. Certas ocasiões e lugares onde a presença infantil enfrentaria manifestações rabugentas da lei, dos anos noventa para cá, na minha época, eram muito comuns de eu frequentar. Minha juventude foi uma preparação para a idade adulta, e, quase que de maneira natural, eu sabia que herdaria o legado profissional de meu pai.

Quando criança o telefone da minha casa tocava sem parar. Inclusive de madrugada. Éramos todos acostumados a isso. Casa de médico. Pessoas solicitando papai o tempo todo, e ele tendo que sair às pressas para dar conta de alguma demanda profissional. Muitas vezes já, ele estava mesmo fora de casa, no plantão, trazendo pequenos filhotes humanos à luz do mundo. Era um único aparelho, que tínhamos em casa, na década de setenta. Não havia internet, nem celulares. Um único aparelho de telefone fixo, cuja campainha era bem irritante. Minhas irmãs e eu gostávamos de brincar no disco giratório de números, do aparelho, com o gancho posto, mesmo. Era divertido vê-lo girando sozinho, voltando ao lugar e demorando mais ou menos, conforme o número que escolhíamos como ponto de partida. Houve uma vez em que o telefone tocou de madrugada. Três da manhã. Levantei da cama e atendi. Não era comum que isso acontecesse. Geralmente papai se levantava, já no primeiro toque, e atendia. Mas nessa noite estava completamente exaurido de um plantão do qual acabara de chegar, e sequer acordou com o som escandaloso do telefone. No escuro mesmo levantei e fui até a sala, sem acender nenhuma luz, e com o coração batendo muito forte atendi.

- Alô?

- Ela está caída no chão, com muita dor! Tá ficando roxa! Me ajuda, pelo amor de Deus!

Era uma voz masculina, ao fundo, sons de grunhidos, assustadores. Fiquei petrificado. Não sabia o que fazer ou dizer. Minha garganta estava seca, minha boca aberta e minha mão gelada. Tentava dizer algo, mas a voz não saía. Até que, após um esforço descomunal, as palavras saíram, em um fiapo de voz:

- Quem está aí?

Eu tinha uns nove anos, e não me ocorreu dizer mais nada. Depois me culpei por não ter saído correndo dali para chamar o meu pai, mas naquele momento parecia que eu era o protagonista de um filme de terror.

- Quero falar com o doutor Alberto agora, por favor!

Os grunhidos ao fundo evoluíram para gritos abafados. Novamente não consegui sair do lugar, até que senti o gancho do telefone sendo arrancado da minha mão. Em seguida a voz grave e firme do meu pai. Senti meu rosto quente e as lágrimas me vieram, abundantes. Que alívio ter meu pai para me salvar daquela situação. Ele orientou aquele homem sobre como agir diante de uma situação em que a esposa acabara de ter a bolsa rompida e estava tendo algumas complicações que poderiam comprometer a vida dela e do bebê. Dali mesmo ele vestiu-se, rapidamente, e saiu de carro até onde o casal morava, para realizar o parto.

Depois eu soube que deu tudo certo, mas levei uma bronca do meu pai. "Nunca mais atenda ao telefone a essa hora. Sempre que ligam de madrugada é para mim. Se eu não acordar logo, então me chame. Entre no meu quarto e me sacuda até eu acordar. Aquela mulher e o feto poderiam ter morrido, se demorasse mais um pouco a receber atendimento".

Morávamos em uma casa grande, onde cada um tinha seu quarto. Sempre me senti uma criança solitária, porque cada qual tinha seu mundinho particular, e pouco participávamos da vida um do outro. Momentos familiares existiam, claro, mas eram raros. Papai estava sempre muito ocupado, mamãe inventava ocupações para ter o que fazer, e minhas irmãs tinham seu próprio clubinho de amigas. Eu ficava deslocado de tudo e os invejava. Gostaria de ter tido minha própria bolha, também, mas nunca fui bom em fazer amigos. Na escola me tratavam com indiferença, eu era meio rechaçado por colegas e professores. Talvez isso, em parte, tenha gerado em mim certa ânsia por poder. Poder no sentido de ser, de certa forma, o centro das atenções. Buscar uma colocação na vida em que eu fosse não apenas respeitado, mas admirado pelas pessoas ao meu redor. Não mais um invisível. Lutei por isso, e trilhei um caminho árduo. Pedregoso. Alcancei esse lugar de destaque. Descobri, a duras penas, que ele tem um preço bem alto. Cedo ou tarde a conta chega.

Mexer com a vida é uma responsabilidade muito alta. É uma empreitada que precisa muito de profissionais sérios e comprometidos, como meu pai e, no futuro, eu. A taxa de mortalidade infantil, em certos lugares, ainda é muito alta justamente por falta de médico que assista, no sentido clínico, tanto mãe quanto criança.

Papai sempre foi um homem muito pragmático e, como tal, sistemático e metódico. Para ele, as categorias são muito importantes. Fundamentais para a vida e sem elas, o mundo, a natureza seriam um caos. Por isso mesmo fazia questão de chamar de "feto" o ser humano ainda não nascido. Essa forma de tratar incomodava mamãe profundamente, pois a visão religiosa considera alguém como ser humano, desde o momento da fecundação. Essa forma de encarar a ciência gerava uma reação irritadiça em papai, que respondia: "Ah, por favor, não é criança, não é nada além de um conglomerado de células!". Ao que mamãe respondia: "Células com potencial de vida!". Ele arrematava: "Potencial de vida qualquer célula tem, até do cotovelo, e nem por isso vamos chamar de ser humano morto uma casquinha de ferida quando cai!".

Eu estava mais para visão de minha mãe. A aura sagrada da vida sempre permeou minha visão de mundo, mesmo durante a faculdade, quando somos mergulhados em um mar de frieza e indiferença para com o paciente, embora isso pareça paradoxal. Só quem passa pela experiência de uma graduação em medicina sabe o trauma que é o processo de "objetificação" do ser humano. "É preciso objetificar para salvar mais vidas", dizia um professor meu. Esse era seu lema. Ele preferia não ver um ser humano à sua frente, e sim uma enfermidade ou um problema a ser solucionado da maneira mais perfeita possível, não importando o que a pessoa na condição de atendida irá sentir ou pensar.

O médico recém-formado que quiser ser diferente disso precisa imputar a si próprio todo um processo de humanização, depois da graduação e da residência.

Quando garoto morava perto de um bosque, onde as pessoas costumavam passear, fazer piquenique, enfim, viver momentos em família. Lá, contrariamente, era o meu lugar de refúgio depois do colégio. Chegava a casa, tirava o uniforme, almoçava em família, sendo que meu pai quase nunca estava presente, ia para lá, sentir de perto e na pele a solidão. Sempre gostei de estar só. Caminhava por horas, ao longo de uma alameda perfilada pelos dois lados por pinheiros frondosos e verdejantes. Certa vez estendi a caminhada e cheguei a um pátio onde havia um grupo de mulheres gestantes, todas sentadas em tapetes, fazendo exercícios, sendo orientadas por uma senhora, mais velha que elas. Eu ficava impressionado quando pensava nas vidas que estavam sendo geradas naqueles ventres. A gestação sempre me fascinou. O poder que uma única célula tem, de se transformar em milhares, milhões, centenas de milhões e até mesmo bilhões. Como uma única célula é capaz de tanto? De onde vem a matéria gerada nessa vida? Da gestante é que não é. Não existe ali uma espécie de empréstimo ou doação de células. Cada mínima parte daquela nova vida vai sendo gerada a partir de um único embrião, formado por duas células que se fecundam. De onde vêm bilhões de células? A ciência vai até certo ponto, para explicar a vida, mas jamais alcançará por completo uma explanação plenamente satisfatória.

Tenho três irmãs e sou o caçula da família. Marta é a segunda mais nova, Marisa vem em seguida e Sônia é a primogênita. Minha diferença de idade para Sônia é de doze anos, oito para Marisa e cinco para Marta. Dá pra imaginar que não fui muito próximo às minhas irmãs. Elas interagiam mais entre si por serem consideravelmente mais velhas que eu. Eu era o famoso "café com leite" da família. Invisível, na maior parte do tempo, a todos. Apenas minha mãe interagia um pouco mais comigo. De resto, era eu comigo mesmo. Sempre fui bem tratado, não me entendam mal. Apenas eu era invisível na casa. Minhas irmãs formavam uma bolha social entre si, cada uma tinha suas próprias amigas. Meu pai estava sempre muito ocupado e quase nunca parava em casa, das poucas vezes que estava presente, a última coisa que ele queria era dar atenção a uma criança. Minha mãe também tinha seus próprios afazeres e seu próprio grupo de amigas fora de casa, na igreja, no clube, com as vizinhas. E eu, em minha solidão, jurei a mim mesmo alcançar um patamar em que as pessoas me olhariam com respeito e viriam até mim, reverentes. Ficava com os meus pensamentos que um dia seria "alguém". Pediriam por minha opinião e me chamariam para ministrar palestras. Assim como meu pai. Ele foi minha grande referência profissional. Como pai, ausente. Mas como médico, uma figura respeitada e reverenciada, dentro da comunidade médica. Além de tudo, papai escrevia livros, era lido nas faculdades e viajava muito a congressos. Algumas vezes o acompanhei e isso reforçou em mim o desejo de alcançar um alto patamar na medicina. Queria aquela vida para mim. Aquela vida econômica muito confortável e o prestígio de ser referência na área. Meu contexto de vida foi a mola propulsora para que eu alcançasse êxito em minha empreitada. Mesmo distante, sem interagir, meu pai foi um grande aliado para a minha vida profissional. Ele era frio como gelo, nunca tive dele um abraço, mas ficava extremamente contente ao ver minha empolgação para ser médico.

Ele me ajudou, incansavelmente, em tudo que esteve ao seu alcance, desde me orientar nos estudos do vestibular até me dar aulas particulares de cirurgia e parto. Pagou todo meu material de estudo, tanto na graduação quanto na residência. Foram nove anos de estudo em uma universidade pública e três de residência. Papai estava disposto até mesmo a pagar mensalidade de uma faculdade particular, se fosse o caso, mas eu estava tão decidido e focado a passar no vestibular que fui aprovado de primeira. Quando cheguei a casa com a boa nova da minha aprovação em medicina, foi uma festa! Pela primeira vez deixei de ser invisível para a minha família. Minhas irmãs e minha mãe literalmente fizeram festa, com bolo e bolas de aniversário, docinhos e música. Meu pai, é claro, não participou daquela algazarra. Ele era sério demais, introspectivo demais para essas festividades. Alegou trabalho e esteve ausente nesse dia. Não lhe guardo rancor por isso, de forma alguma, porque devo tudo que sou a ele.

No início dos anos oitenta, fui com meu pai e Sônia a Paris, nas férias de verão. Eu tinha quatorze anos e já, nessa época, estava mais que decidido a ser médico. Foi em uma manhã ensolarada e fria, que, no museu de Orsay, vivenciei uma experiência que atribuiu todo um sentido de beleza à minha profissão. A visão da pintura "A origem do mundo", feita em 1866, pelo artista plástico Gustave Courbet, tendo tido como modelo Constance Quéniaux, uma antiga bailarina da Ópera de Paris, causou-me um enorme impacto. Trata-se de uma obra singular, que retrata uma vulva de uma mulher deitada, tendo a metade de cima do corpo coberta por um lençol. Essa associação entre vulva e vagina e vida, o nascimento e mesmo a origem da humanidade me pareceu tão gloriosa que naquele momento firmei comigo mesmo um pacto para ser responsável por vidas que estavam por vir. Antes mesmo do juramento que prestaria ao final da graduação, assumi a responsabilidade de zelar por vidas em seu estado gestatório. Essa minha certeza passa pelo respeito que se deve ter pelas mulheres que as abrigam e depois são elas as grandes zeladoras dos pequenos seres vivos durante os primeiros momentos da vida.

Aquela pintura, para mim, havia sido uma revelação, uma epifania. Uma confirmação da minha vocação. Assim que voltei dessa viagem, comecei a estudar para o vestibular, mesmo ainda na escola. Não queria correr o risco de não ser aprovado. Encantado como estava, depois dessa viagem, depois de ver essa pintura de perto, jamais poderia imaginar que anos depois eu cairia como uma sombra sulfúrica, e uma cortina de trevas se fecharia ante meus olhos.

Em meu primeiro ano de faculdade, nossa família foi contemplada com uma grande alegria: Marisa estava grávida. O alvoroço foi geral. Mesmo mamãe, que em sua religiosidade gostaria que a filha tivesse se casado na igreja e tudo mais, ficou muito feliz. O namorado da minha irmã foi chamado, é claro, à nossa casa, para que papai tivesse uma conversa com ele acerca de responsabilidades. Posteriormente as duas famílias se reuniriam para juntas celebrarem a nova vida que estava a caminho.

Apesar de não ser religioso, papai era um homem tradicional e conservador. Fez questão de conhecer de perto aquele que seria o pai de seu primeiro neto, e despejou um interrogatório no rapaz. Quis saber quem era sua família, com o que trabalhava, como pretendia sustentar o filho, se tinha intenções de se casar com minha irmã, etc. O jovem mancebo respondeu a todas as perguntas, sem titubear, embora fosse um pouco tímido. Era um advogado recém admitido na Ordem, sem filhos, pertencente a uma família bem estruturada do Leblon. Eu estava certo que, com o tempo, meu pai iria ainda moldá-lo à sua maneira, porque não estava de todo convencido de que aquele rapaz era o melhor partido para sua filha. Mamãe estava satisfeita e gostou bastante dele. Ela também tinha seus critérios de genro perfeito, que eram diferentes dos de meu pai. Mamãe observava primeiramente como a pessoa se comportava em sua casa. Gostava de rapazes discretos, que falassem baixo, que mantivessem recato e que tratasse bem a todos. Depois, é claro, vinham os outros critérios, que tinham a ver com o quanto ele se parecia com o perfil da família, nos mais variados aspectos. Por fim, ele recebeu aceitação e aprovação geral da família.

Mamãe sempre foi muito envolvida com obras sociais, principalmente na igreja. Sempre muito ativa em tudo, era coordenadora de vários projetos, um deles de amparo a gestantes abandonadas ou em alguma situação de vulnerabilidade social. Mamãe vivia em função dessas obras, e corria muito atrás de doações, realizava eventos beneficentes, até mesmo levava algumas das meninas grávidas a nossa casa para que elas tivessem algum conforto emocional. Coordenou, junto à arquidiocese, a construção de um abrigo só para mulheres vulneráveis. Estive em vários eventos desses e ajudava minha mãe com o que podia. Ela me delegava pequenas tarefas. Desde muito cedo, tive contato com mulheres gestantes. Adorava a sensação de encostar o rosto em uma barriga grávida e sentir o movimento do bebê chutando. Toda manifestação de um bebê em gestação (como esses movimentos dentro da barriga) nutria em mim a vontade de ser alguém a cuidar dessas vidas na fase intrauterina.

Na casa de acolhimento, as mulheres grávidas, coordenadas por mamãe, recebiam a visita de meu pai lá, em algumas raras ocasiões, ele falava sobre cuidados básicos de saúde da gestante. Muitas daquelas pessoas eram meninas jovens, na faixa dos quatorze anos, que haviam sido expulsas, abandonadas ou fugiram de casa, porque seus companheiros as espancavam ou suas famílias não as queriam, e não tinham mais para onde ir. Uma vida de penúria, miséria e sofrimento esperava por aqueles seres que ali estavam sendo formados. Será que aqueles bebês deveriam, futuramente, ser gratos pela vida, a despeito de serem desprovidos de todo resto que uma mãe sensata deveria providenciar? Essa sempre foi uma dúvida minha. Devemos nos colocar em uma eterna atitude de "Minha mãe é minha Maria"? Deveríamos ser gratos, eternamente gratos às mães, até mesmo pelas coisas ruins da vida? Se é assim, então Deus lhe pague, mãe. Pela vida e por tudo nela que temos que suportar. Pelas alegrias, mas também pelas angústias e pelos caminhos pedregosos. "Por essa fumaça, de graça, que a gente tem que engolir". Devemos também agradecer por não sermos abortados? "Por me deixar respirar, por me deixar existir, Deus lhe pague". Obrigado, minha Maria, por tudo de ruim e tóxico que sou e vivo, porque sem isso eu não existiria. Costumamos agradecer pelas coisas boas, como se elas viessem em um embrulho, separadas das coisas ruins. Mas nossas Marias, quando escolhem não nos abortar, elas não têm como só oferecer o pacote bom. A realidade vem com a desgraça, também, e quando ajudo a trazer uma criança ao mundo, essa responsabilidade é também minha.

É como se eu dissesse àquele novo ser humano: "Ajudei a te trazer para esse hospício em forma de planeta. Ajudei a te trazer a essa desgraça. Ajudei a te trazer a um mundo onde sua espécie está se destruindo há milênios e muito provavelmente já estamos chegando ao fim. Sim, eu ajudei a te trazer para a miséria moral, ajudei a te trazer para toda sorte de mazelas que um ser vivo pode experimentar enquanto por aqui perambula. Fui eu, sim, eu, o médico obstetra, que contribuí para te trazer a essa vida. Fui eu que gerei em você o primeiro incômodo, que foi a separação que você teve de sua mãe, quando cortei seu cordão umbilical. Fui eu que te fiz chorar ao te tirar do lugar confortável em que você esteve em seus últimos e primeiros nove meses de vida, fui eu". Assumo essa escolha. Assumo essa responsabilidade. Está em minha conta os vários bebês anencéfalos que trouxe ao mundo, honrando com meu juramento de defender a vida! O sofrimento dessas crianças está, sim, na minha conta e foi escrito no livro da Vida. Está na minha conta, também, os vários bebês de meninas e mulheres estupradas, que ajudei a adentrar em nosso mundo insano. Não posso apenas dizer: "Fui um instrumento de minha profissão, nada mais". Não posso "lavar minhas mãos" quanto a todo sofrimento que alguns nascimentos acarretam. Preciso assumir que tenho e escolho ter colaboração direta em muitos nascimentos que certamente serão vidas muito sofridas.

Quando Marisa ficou grávida, um espírito repentino de união tomou conta de nossa família. Não que antes não fôssemos unidos, mas era diferente, agora, tínhamos a liga. Era alguém que estava chegando para mudar por completo nossas vidas, para melhor. Roberto, o pai da criança, e minha irmã faziam planos, pensavam em nomes para o bebê, começaram a preparar o enxoval, enfim. Mergulharam naquele imenso grupo de pais de primeira viagem, fazendo planos e mais planos. Todos da casa participavam à sua maneira, inclusive eu. Marta gostava de auscultar a barriga de Marisa, o que causava riso em todos nós, porque sabíamos que ela não escutaria nem sentiria nada, porque estava muito no início da gravidez. Ainda assim ela gostava desse contato e dizia que a criança já conseguia, de alguma forma, identificar pessoas, pela proximidade e o calor que emitia. Cientificamente falando, isso é apenas uma crendice, sem fundamento algum, mas era algo que a fazia feliz e era isso que importava. No meu íntimo, acredito em coisas não comprovadas, porque sei que a vida é feita de coisas que nos fogem à compreensão material. Claro que, na profissão, eu respondo por vidas, então, preciso pautar meus princípios apenas na ciência e jamais em crenças pessoais.

Minha primeira paciente foi uma moça de dezenove anos, cabelo chanel, cor de ouro envelhecido, olhos azuis, magra, braços longos, pernas finas e alta. Media 1,75. Jovem demais, porém muito segura da maternidade. Ela se chamava Daniele. Sua mãe quase sempre a acompanhava nas consultas, mas algumas vezes ela ia sozinha.

Moça forte e otimista, apesar de (à época) estar desempregada e passando por uma situação financeira muito complicada. Havia sido demitida do emprego de gerente de uma famosa loja de pedras preciosas. Nesse momento, ela estava em briga judicial contra o estabelecimento, por ter sido mandada embora grávida (com conhecimento do patrão) e sem justa causa. Ainda por cima, o pai da criança a abandonou, assim que soube da gravidez. Ela recorreu à justiça. Ele chegou a ser preso por alguns dias, mas depois a menina e a mãe acharam melhor deixar pra lá e criar o bebê sem pai mesmo. Ficar cutucando nessa ferida por raiva significaria ter por perto uma pessoa que não queria assumir a paternidade, e isso não seria bom para ninguém, muito menos para a criança.

O parto tinha certo risco, porque a menina tinha um problema no coração e não podia fazer muito esforço, porque corria o risco de sofrer uma parada cardíaca no momento em que forçasse a saída da criança. Ela queria um parto normal, e meio que a contragosto concordei, com a condição expressa de que se os sinais se alterassem durante os trabalhos, eu faria uma cesárea. Ela concordou. Tal qual imaginei os sinais vitais se alteraram, a pressão dela caiu, o coração estava ficando sobrecarregado demais, então, antes que a situação se complicasse de maneira irreversível, dei ordem à equipe médica que realizasse uma cesárea.

A bebê de Daniele nasceu saudável, era uma menina e se chamava Luíza. Tanto a jovem mãe quanto a avó da bebê estavam muito contentes com aquela nova vida e sentiram-se felizes com meu trabalho, o que me trouxe uma imensa alegria. Algum tempo depois retornaram as três, para finalizar o acompanhamento. "Obrigada por tudo, doutor", agradeceu a jovem mãe, ao que respondi (mais para confortá-la do que por real convicção) "Você é forte e será uma ótima mãe para a Luíza. Boa sorte e felicidade". Com isso comecei bem minha carreira profissional.

Um dos momentos mais difíceis da faculdade foi quando apresentaram fotos de fetos abortados, tanto espontaneamente quanto artificialmente, por curetagens bem feitas ou mal feitas. A maior parte dos meus colegas achavam aquilo muito interessante e olhavam para aquelas imagens como se fossem pinturas raras, demonstrando um interesse genuíno naquilo. Minha atitude também deveria ser essa, afinal essa é a parte tenebrosa da minha profissão. Lidar com a vida é necessariamente lidar com a morte, e na obstetrícia as mortes são dos bebês, dos fetos e, algumas vezes, da própria parturiente. Se fosse apenas o fenômeno fisiológico da vida se esvaindo, até ir embora por completo, ainda tudo bem. O problema é que para os que ficam, a notícia pesa sobre as cabeças de maneira aterradora e ainda há todo o processo de luto, que é revestido de uma simbologia amedrontadora e uma burocracia desnecessariamente desgastante (papéis, assinaturas e mais papéis para a remoção do corpo). Dar a notícia da morte é terrível. Do ponto de vista do médico, há que manter o controle emocional, na frente da família. Quando o bebê morre, no momento do parto, temos que anunciar a notícia à mãe. Em seguida, à família da mãe do natimorto. Às vezes acontece de morrer mãe e bebê, aí é duplamente terrível, porque, embora tenha que anunciar a morte uma vez só, para a família, trata-se de uma morte dupla, o que torna tudo mais terrível.

A função de todo médico poderia ser resumida em um único mote: espantar a morte sempre que ela se acerca. Ela é sorrateira e manda seus ajudantes antes de aparecer em pessoa. Esses ajudantes podem vir em forma de uma (aparentemente) inofensiva mancha de pele, uma dor de estômago mais persistente, um vírus indetectável, uma dormência na perna, um câncer de pâncreas ou mesmo o nascimento de um bebê. Nossa missão, como médico, é manter a indesejada parca o mais distante possível, pelo maior tempo possível. Mas a ossuda é paciente. Ela persiste quantas vezes forem precisas, durante quantos anos forem precisos, até que finalmente ganha. No fim, ela sempre ganha e temos que nos contentar em ganhar as diversas batalhas pela vida que antecedem a partida final.

"Você precisa estar sempre atento a tudo. Observe ao mesmo tempo o quadro geral e os detalhes. É assim que se faz boa medicina". Papai me falava sobre estar atento aos detalhes, porque poderiam significar a diferença entre manter vivos mãe e filho ou perder algum dos dois. Dizia que os pacientes do obstetra são sempre dois: gestante e criança que está por vir, e que é um erro não estar atento à gestante. Atento de maneira medicinal e não no sentido de dar apoio emocional, que isso era papel da família. Papai acreditava firmemente que o médico que se deixar perder em "devaneios emotivos", como gostava de dizer, facilmente deixará escapar algum detalhe importante em um momento tão decisivo como o do parto. Ou mesmo antes do parto pode deixar escapar algo importante por estar envolvido emocionalmente com a história de vida da gestante, e que, portanto, quanto menos souber da vida delas, melhor. O que um bom médico precisa, sim, saber, são as coisas pertinentes ao pré-natal, pertinentes à saúde da mulher e do bebê. Isso e apenas isso. O resto são devaneios que só servem para distrair e tirar o foco profissional.

    Papai gostava de me ensinar os detalhes da medicina enquanto jogávamos xadrez, geralmente de madrugada. Eu acordava, no meio da noite, descia as escadas, e lá estava ele, silencioso, sentado na poltrona da sala, fumando, com as luzes todas apagadas. Eu me aproximava e me sentava na cadeira de balanço que ficava em frente à poltrona, entre nós havia uma mesinha-tabuleiro. Tratava-se de uma pequena mesa redonda, de quatro pés, todos em forma de bengala, formando um X. A tampa era um tabuleiro de pedra sabão, contendo as tradicionais 64 casas pretas e brancas. As sobras dessa circunferência eram feitas de uma pedra avermelhada, de uma cor entre ouro envelhecido e cobre. Papai nunca me mandou de volta para o quarto com algum sermão sobre eu ter aula no dia seguinte, ou sobre não ser hora de eu estar acordado. Era, sim, um homem de sermões, de vez em quando, mas guardava-os para ocasiões em que se faziam extremamente necessários. Em momentos como aquele, creio que ele gostasse da minha companhia.

    Creio que, de todos da família, eu fui o que melhor soube interpretar meu pai. Era um homem que gostava de companhias silenciosas, e eu oferecia isso a ele: silêncio e paz. Por isso me deixava ficar na sala, sem me mandar de volta ao quarto. Naquelas madrugadas eu simplesmente me sentava à sua frente, sem dizer uma única palavra. Preferia deixar que ele quebrasse o silêncio e muitas vezes ele não quebrava. Ficava me olhando, no escuro, tendo como única luz aquele pequeno "vaga-lume" que o cigarro formava. Acendia um atrás do outro. Em dado momento, ele abria a gaveta da mesinha-tabuleiro e dispunha as peças do xadrez sobre ela. Sempre punha as brancas para mim. Sem dizer uma palavra, eu o ajudava a montar o tabuleiro e, quando estava pronto, eu jogava o primeiro lance. Assim iam decorrendo as partidas, madrugada adentro, muitas vezes sem que disséssemos uma palavra um ao outro. Papai ganhava noventa e nove por cento das partidas e juro que eu não facilitava em nada. Pelo contrário. Eu me esforçava para ganhar, mas ele era muito bom. Sempre que eu perguntava onde havia aprendido a jogar bem daquele jeito, ele esboçava um sorriso misterioso e nunca respondia. Quando se cansava, ele se levantava, dava "Boa noite." e ia deitar. Às vezes só se levantava e ia deitar. Mas nunca no meio de uma partida em andamento. Papai era meticuloso demais para deixar algo inacabado, mesmo sendo só uma partida de xadrez. Em algumas dessas ocasiões, ele falava bastante, durante o jogo, e queria que eu prestasse atenção em tudo que dizia. Nesses momentos, ele criava analogias entre o xadrez e a obstetrícia, e me dizia coisas como: "Precisa prestar atenção em absolutamente tudo! Na respiração da parturiente, na expressão facial dela, na abertura vaginal, pressão arterial da parturiente. Muito atento à respiração! Ela é o peão do jogo, por isso costumamos não dar muita bola, mas não se esqueça de que um final de partida pode ser decidido por um único peão".

O tempo, para mim, tomou outra forma, de uma década para cá, depois daquela noite terrível. Algo dentro de mim se partiu e foi-se junto com isso minha noção de linearidade temporal. Uma semana pode parecer um dia e um dia pode se arrastar como um mês. Os pesadelos não foram embora e duvido que algum dia eles irão. Ainda, muitas vezes, acordo assustado, ofegante, com a boca seca, coração acelerado. Aos poucos vou voltando à realidade e lembrando que não passa de um pesadelo.

Subi alto demais e fiquei cego, nas alturas. Quando menino, prometi a mim mesmo que alcançaria um alto patamar e não seria invisível nunca mais, como muitas vezes fui, em minha infância e juventude. Alcancei, e por isso mesmo a queda foi bem alta.

▶ PRIMEIRA TESTEMUNHA

JOÃO PAULO MENEZES

"A paciente só é encaminhada para a sala de cirurgia, caso se perceba que não haverá condições de que se realize o parto pela via baixa, o parto normal, que é aquele que se realiza por via vaginal. O doutor Bernardo é muito experiente, um médico de minha inteira confiança e certamente possui conhecimento necessário para identificar sinais de agonia fetal. Uma vez identificados tais sinais, ele imediatamente tomaria providências para que a parturiente fosse encaminhada para a sala de cirurgia, a fim de que a cesárea fosse realizada o mais brevemente possível.

Sou pediatra e diretor do hospital. Na época eu era plantonista às quintas. Na noite em questão, notei uma movimentação atípica pelos corredores das salas de parto, que são salas onde as parturientes aguardam justamente o trabalho de parto.

A sala de cirurgia não fica permanentemente preparada, isso não é possível. É necessário que se avise sobre a necessidade de uma cirurgia de emergência para que o ambiente seja arrumado o mais rápido possível, e para que o anestesista seja chamado.

Do dia 10 ao dia 12, Carla ficou internada sob observação do doutor Bernardo. O obstetra é sempre o comandante da ação, o facilitador do trabalho de parto.

Não me recordo da doutora Paula na sala de parto. Sim, consta nos registros do hospital que ela era plantonista do dia em questão, que não apenas se encontrava presente, mas junto ao doutor Bernardo, porém não me recordo de ela estar na sala de parto, nem tampouco na sala de cirurgia.

Quando a paciente dá entrada na sala de parto, o ultrassom é feito sempre que há um médico presente. A partir disso, a ausculta sempre é possível. Ao me encontrar com doutor Bernardo no corredor, ele parecia apreensivo e com pressa para preparar a sala de cirurgia, pelo que depois fiquei sabendo. Nesse encontro de corredor, que durou apenas alguns segundos, ele me disse que ela precisava ir para a sala de cirurgia porque o trabalho de parto não estava evoluindo e já havia sido detectada braquicardia do feto. Braquicardia é o termo técnico para diminuição dos batimentos cardíacos."

JUREI DEFENDER A VIDA. Jurei trabalhar pelo progresso da humanidade. No momento em que uma pessoa está ali, prestes a expelir outro ser humano, é que nos damos conta do tamanho da responsabilidade que paira sobre nossas cabeças. Nós, médicos, precisamos de autocontrole, para qualquer situação, mesmo em face à morte. Precisamos de cabeça fria para pensar na melhor forma de agir. Inclusive, temos de nos anteceder a qualquer eventualidade. Estarmos sempre cinco passos à frente. Não deixar passar nada sem ser notado. Cada detalhe é importante. Prestar atenção à respiração da parturiente, observar o nível de dilatação. Aferir pressão arterial, realizar ausculta. Deixar a equipe médica de sobreaviso, caso seja necessária uma intervenção cirúrgica de emergência. Mandar chamar o anestesista, preparar a sala de cirurgia. Ter vinte olhos, ser capaz de estar atento a muitas coisas ao mesmo tempo. Mas sou humano, e, como perfeição não é condição humana, eu erro, como todos. Esforço-me por errar o menos possível em minha profissão, para fazer jus ao juramento que fiz perante Deus, perante minha pessoa, minha família e meus amigos.

Naquela noite trágica, Deus foi testemunha que me esforcei o quanto pude. Lancei mão do quanto tinha de ferramentas para cumprir com meu juramento. Aquela noite chuvosa trouxe consigo o arauto do agouro à minha vida. Deixou marcas. Ainda hoje, mesmo tendo me livrado desse peso, sinto as cicatrizes das terríveis acusações que sofri por muitos anos e por diversas pessoas.

É impressionante a falta de capacidade humana para a lealdade. Em momentos tenebrosos, quando mais precisamos do apoio dos amigos, é quando menos temos pessoas ao nosso redor, porque a maioria delas (senão todas) fogem do que lhes parece ser um grande problema. Já tinha ouvido falar que ocorre mesmo essa debandada, quando uma pessoa está no "olho do furacão", como costumam dizer. Achei que não fosse resistir, mas aqui estou, contando minha história. Aqui estou, reerguendo-me, depois de um longo inverno de uma década, na minha vida. Aqui estou, de cabeça erguida, depois de ter sido tratado como um delinquente, como alguém que deliberadamente atenta contra a vida.

Um dos natais mais felizes da minha vida foi o do ano de nascimento de Cecília, minha primeira sobrinha. Essa linda criança mudou a vida e a rotina da minha família. Pela primeira vez na vida, vi papai sorrindo tão abundantemente, ao segurar a neta nos braços. Mamãe se emocionou e todos nós fomos muito felizes durante um bom tempo. Deixamos as diferenças de lado (normais em toda família, de existirem), para acolher Cecília. Até mesmo minha relação com Marisa melhorou. Nós, que quase nunca conversávamos, nem nunca tivemos muita afinidade, passamos a trocar ideia, a conviver mais. Busquei estar próximo da minha sobrinha, sempre que possível. Queria que ela me reconhecesse e soubesse, desde muito novinha, quem era o tio dela, e o quanto eu a amava.

Impressionante a mudança do meu pai. Era um novo homem. Nasceu o avô, e com ele, a generosidade e o carinho que só um novo ser pode trazer a um lar. A relação entre essas duas gerações é linda de se conviver. O avô deixa o dever de educar para ser o homem que fará, sempre que possível, a criança sorrir. Eu fiquei espantado por reconhecer a leveza do meu pai ao conviver, na época, com a pequena Cecília.

Quando finalmente me formei, Cecília já estava para completar dez anos. Todos da minha família estiveram presentes na minha formatura. Foi um momento memorável. Meu pai, já avô e com o coração abrandado há alguns anos, pelo nascimento da minha sobrinha, pela primeira vez na vida, me abraçou e disse ao meu ouvido "Estou orgulhoso de você!". Que alegria receber aquele segredo! Acho que foi a frase que sempre esperei. Eu, com tantas memórias de um pai sério e sempre preocupado com o trabalho, recebi o melhor segredo da minha vida, o orgulho do meu pai por estar seguindo os passos deles. Foi um dia memorável!

Mas, nem tudo na vida são rosas, é claro. Com o passar do tempo e com o cotidiano do meu trabalho, alguns dos muitos partos que realizei ao longo da minha (ainda ativa) carreira não tiveram um final feliz. Nessas horas, eu reconhecia em mim a tensão do meu pai. Essa dificuldade da minha profissão é vivida de forma solitária. Não temos como dividir a dor de perder uma vida que ainda é tão pequena.

Conheci Paula na faculdade. Logo nos demos bem e fazíamos tudo junto. Ela sempre foi uma aluna e uma colega de sala muito dedicada e tornou-se uma excelente obstetra. Quando a matéria apertava, ela me socorria. Eram noites e noites em claro por causa dos estudos. Ela, também, dedicada como era, ficava irritadíssima quando não conseguia tirar uma boa nota. Eu ria e confesso que implicava, muitas vezes, quando ela exagerava na sua perfeição de estudante.

Estagiamos no mesmo hospital e auxiliamos juntos alguns partos (supervisionados por médicos, obviamente). Ela morava na Gávea. O pai era um advogado que estava exercendo mandato de senador da República e a mãe era uma arquiteta. Mais especificamente uma designer de navios, uma profissão rara (e muito bem remunerada) entre mulheres.

Poucos anos depois, Paula e eu ficamos muito felizes e surpresos por descobrirmos que trabalhávamos no mesmo hospital. Durante os intervalos, conversávamos na sala dos médicos e ela me confidenciou que durante a adolescência travou duros embates com os pais, porque queria ser musicista (tocava guitarra em uma dessas bandas de fundo de quintal), mas a pressão familiar foi tão grande que a sensatez acabou por vencer. Ela dizia que ainda tinha a guitarra e, de vez em quando, ainda tocava, para relembrar os velhos tempos. Sinto na voz dela que há uma nota de tristeza (desculpe pelo trocadilho infame), quando fala da música. Às vezes, acho que, no fundo, ela realmente quisesse ter seguido carreira em outra profissão. Chego a perguntar se não teria sido mais feliz se tivesse se rebelado e seguido carreira na música, e ela, como se eu estivesse dizendo o maior impropério do mundo responde: "E iria viver do que, Bernardo? Da minha arte?! Não... isso é coisa passageira, de adolescente. Música não é profissão, é *hobby*". Nesse momento penso em Orianthi Panagaris (guitarrista australiana que tocou com Alice Cooper e Michael Jackson), Dave Grohl, Aquiles (do Angra), etc. Isso para citar apenas alguns dos muito famosos. Mas preferi não dizer nada. Cada um tem sua própria maneira de varrer suas frustrações para debaixo do grande tapete da vida.

Eu estava na profissão há quatro anos quando, pela primeira vez, fiz o parto de um bebê natimorto. A mãe era uma moça indígena e não tinha vinte anos completos. Essa foi uma época em que trabalhei para uma fundação que atendia comunidades carentes. A parturiente foi levada ao centro médico pelo pai, um senhor de seus sessenta anos, alto, pele cor de tijolo e cabelo liso. Ela chegou ao local com a bolsa já estourada, e isso complicou muito o parto. Não havia feito pré-natal e desconfio que a criança já estivesse morta há algum tempo, em seu ventre. O que mais me impressionou é que, após a criança ser retirada, já sem sinal algum de vida, a mãe a segurou, embrulhada em uma manta, olhou para ela fixamente, por alguns minutos. Era uma menina. Tinha os olhos e a boca fechados, como se estivesse dormindo. O pai da moça se aproximou e olhou para a neta sem vida, e logo se afastou, sem dizer uma palavra ou mesmo esboçar reação. A jovem mãe também não disse nada, nem chorou, nem alterou a expressão. Apenas devolveu o corpo da criança, para ser enterrado. Algumas horas depois, ela recebeu alta e foi embora, com o pai. Aquela cena acabou comigo. Bem, dizem que quem não chora é quem é mais sofre, porque represa os sentimentos. Esse caso, em particular, me remete à cena do filme mexicano "Roma", na interpretação brilhante de Yalitza Aparicio. A protagonista é uma mexicana que trabalha como doméstica (pesquisar termo politicamente correto) em um bairro rico chamado "Roma", em princípios da década de vinte. O pai da criança, no filme, abandona tanto a moça quanto a filha, e o pai da criança natimorta da minha paciente também abandonou. Naquela noite saí do centro médico exaurido, não apenas fisicamente, mas psicológica e emocionalmente. A ausência de pranto daquela moça e do pai dela, o vazio não preenchido pelo choro da criança recém nascida, a resiliência daquelas pessoas diante da morte, tudo aquilo sugou tanto da minha energia que, quando cheguei a casa, apenas me joguei na cama, sem nem me trocar.

No carro, a caminho do trabalho, eu pensei no caso do dia anterior. Dar notícias ruins ou que são pauta de tabus sociais é sempre muito complicado, e nunca me acostumei por completo a isso. Quando uma parturiente ou um bebê morrem durante o trabalho de parto temos que informar à família. É sempre uma situação de extremo desgaste emocional. Felizmente, na maioria das vezes, tudo corre bem. Mas de tempos em tempos, temos que ser os arautos de más notícias ou o que as pessoas consideram uma má notícia. Por exemplo, quando um bebê é portador da Síndrome de Down. A maioria dos pais recebe essa notícia como se estivéssemos anunciando a própria morte do bebê. Uma vez escutei de um pai: "Seria melhor que estivesse morto."

Ouvir esse tipo de coisa me entristece, por saber que muito provavelmente aquela criança que ainda nem nasceu será hostilizada pelo próprio pai (em alguns casos, pela mãe, e em outros casos, pelos dois), mas, ao mesmo tempo, me faz ter a certeza de que escolhi a profissão certa, para minha vida. Cada vez que escuto um absurdo desse, me convenço de que preciso passar adiante o esclarecimento, a informação que irá tirar as pessoas da mais completa ignorância, acerca delas mesmas.

CAPÍTULO 1

JURAMENTO DE HIPÓCRATES

R oberto e eu nos aproximamos, com o passar dos anos, e isso foi muito bom, para nós dois, porque, quando nossa relação assumiu um status de cliente e advogado, éramos já próximos como cunhados, e nada melhor que alguém da própria família para estar ao meu lado naquele que, sem dúvida, foi (e de alguma maneira ainda é) o momento mais difícil da minha vida. Não teria conseguido sem a competência dele. Se hoje estou aqui para contar essas memórias, se hoje ainda consigo me olhar no espelho, se hoje ainda posso exercer minha profissão legalmente, foi graças a Deus e à habilidade do meu cunhado, que me auxiliou para que a tempestade, que se abateu sobre minha vida, causasse o menor dano possível. Os efeitos colaterais, é claro, fazem-se sentir.

Meu cunhado se empenhou com todas as forças que tinha, com tudo que poderia lançar mão, para fazer justiça. Conseguiu, em parte. Mas mesmo saindo pela corte, pela porta da frente e de cabeça erguida para o povo, para o meu público e até mesmo para alguns de minha família que não compreendem completamente o que aconteceu naquela noite (talvez nem eu mesmo compreenda), era como se eu estivesse saindo pela porta de trás, como um rato que foge, e não como um homem que teve sua dignidade a salvo.

Pedia a Deus todos os dias para que aquele pesadelo terminasse e para que eu voltasse a fazer tudo que sempre mais sonhei na minha vida, que é cuidar de vidas humanas que estão chegando ao mundo. Ele ouviu minhas preces, mas não me poupou do calvário do estigma. Do estigma não consegui me desviar e as marcas daquela noite permanecem em mim, como cicatrizes mal curadas.

A morte de meu pai trouxe um luto inimaginável à nossa família. Felizmente ela ocorreu anos antes da terrível noite que viria abalar minha vida de uma maneira igualmente inimaginável.

Onde foram parar os últimos dez anos de minha vida? Nos infortúnios de um longo processo que me desgastou como ser humano e como um médico que fez, solenemente, e de todo coração, o glorioso juramento de Hipócrates.

> "Eu juro, por Apollo médico, por Esculápio, Hígia e Panacea, e tomo por testemunha todos os deuses e todas as deusas, cumprir, segundo meu poder e minha razão, a promessa que se segue:
>
> Estimar, tanto quanto a meus pais, aquele que me ensinou esta arte; fazer vida comum e, se necessário for, com ele partilhar meus bens; ter seus filhos por meus próprios irmãos; ensinar-lhes esta arte, se eles tiverem necessidade de aprendê-la, sem remuneração e nem compromisso escrito; fazer participar dos preceitos, das lições e de todo o resto do ensino, meus filhos, os de meu mestre e os discípulos inscritos segundo os regulamentos da profissão, porém, só a estes.
>
> Aplicarei os regimes para o bem do doente segundo o meu poder e entendimento, nunca para causar dano ou mal a alguém.
>
> A ninguém darei por comprazer, nem remédio mortal nem um conselho que induza a perda. Do mesmo modo não darei a nenhuma mulher uma substância abortiva.
>
> Conservarei imaculada minha vida e minha arte.
>
> Não praticarei a talha, mesmo sobre um calculoso confirmado; deixarei essa operação aos práticos que disso cuidam.

Em toda casa, aí entrarei para o bem dos doentes, mantendo-me longe de todo o dano voluntário e de toda a sedução, sobretudo dos prazeres do amor, com as mulheres ou com os homens livres ou escravizados.

Àquilo que no exercício ou fora do exercício da profissão e no convívio da sociedade, eu tiver visto ou ouvido, que não seja preciso divulgar, eu conservarei inteiramente secreto.

Se eu cumprir este juramento com fidelidade, que me seja dado gozar felizmente da vida e da minha profissão, honrado para sempre entre os homens; se eu dele me afastar ou infringir, o contrário aconteça"

DADOS OS DEVIDOS AJUSTES históricos (afinal Hipócrates escreveu esse juramento aproximadamente em quatrocentos antes de Cristo), cumpri com tudo, e claro, por isso esperava ser honrado para sempre entre os homens. Mas os acontecimentos daquela noite me desonraram. Não perante Deus, que é testemunha perfeita e onipotente, e tudo sabe e conhece profundamente meu coração; mas diante dos homens, sim, fui desonrado. Naquela corte, onde fui alvo de um julgamento injusto, por parte do homem de toga, sim, fui desonrado. No entanto, anos, décadas de trabalho que precederam a fatídica noite testemunham a meu favor, e perante tantas mulheres que trouxeram seus rebentos à luz, através de minhas mãos, e perante esses próprios rebentos, tenho minha honra a salvo. No entanto, nunca mais fui o mesmo. Hoje me vejo envelhecido antes do tempo e meu cabelo embranqueceu quase que por completo, já durante os primeiros meses daquele moroso processo.

Cecília era já uma moça bonita e feliz, em plena adolescência. Já desde nova, era dona de um caráter forte e, muito decidida sobre o que queria ser na vida. Uma profissão embarcada em navio petrolífero. Não sei bem de onde ela tirou essa ideia, já que na família não tem ninguém que tivesse seguido essa ou qualquer outra carreira semelhante, mas, ainda assim, nós a incentivamos muito, já que era o seu sonho. Marisa e Roberto pagaram cursos técnicos, compraram livros, correram atrás de editais, fizeram de tudo. Mas Cecília mudou de ideia, da noite para o dia, depois de assistir comigo a uma peça de teatro. Ela ficou encantada com uma das atrizes e decidiu que queria mesmo era enveredar pelas tortuosas estradas da arte cênica. Os pais dela não ficaram contentes com a ideia, ainda mais depois de terem investido tanto em algo que ela dizia querer muito. Pensei que meu pai fosse ficar furioso com essa repentina mudança da neta, mas, para surpresa geral da família, ele apoiou. Depois desse aval de quem a gente menos esperava, minha irmã e meu cunhado desistiram de ser oposição e passaram a apoiar a decisão da filha, de seguir carreira nos palcos. Ela era (e ainda é) jovem e podia se dar ao luxo de mudar de ideia. O que mais me impressionou mesmo foi a atitude do meu pai. Se, na idade dela, eu dissesse que queria ser músico ou ator, meu pai nem se daria ao trabalho de me proibir de tais carreiras, ele apenas me obrigaria a ser médico, sem conversas longas ou curtas. A palavra sempre foi a última quanto a esse ponto. Mas o tempo faz milagre com as pessoas. A relação entre avô e neta era muito diferente da relação entre pai e filho. Cecília era o xodó do meu pai, e sempre que minha irmã e Roberto davam uma bronca, ela corria pro meu pai, que se punha a defendê-la como um verdadeiro advogado dos oprimidos. Dizia coisas do tipo: "Vocês massacram essa menina, deixem ela viver, pelo amor de Deus!"

    Desde o começo, apoiei minha sobrinha em sua intenção de ser atriz, e, com o inesperado apoio do meu pai, aí mesmo que a incentivei a seguir o que a fizesse feliz e foi o que ela fez. Cecília sempre foi muito imaginativa e sempre gostou muito de ler e eu sempre a incentivei no hábito da leitura, presenteando-a com livros. Em seu quarto, havia uma pequena e invejável biblioteca, contendo desde livros de Júlio Verne e Agatha Christie até a poesia de Drummond e Vinícius de Moraes. A imaginação dela, portanto, sempre foi muito rica e povoada por personagens clássicos da Literatura. Nada mais conveniente que ela agora quisesse encarnar e viver a vida de personagens, ao invés de apenas observá-los nas páginas dos livros. Eu a matriculei em uma prestigiada escola de teatro em Laranjeiras, e ela não cabia em si, de tanta felicidade. Assim que terminou os estudos do Ensino Médio, ingressou na graduação cursando artes cênicas. Esse foi um período um pouco complicado, na vida dela, porque algo veio a interferir em sua felicidade. Meu caso repercutiu negativamente na sociedade e tomou proporções assustadoras. Foi parar na mídia. Alguns telejornais estavam expondo o caso, e, portanto, me expondo. Por conseguinte, expondo minha família ao desgaste de uma injustiça da qual teoricamente apenas eu deveria ser alvo. Cecília começou a ser questionada e, até, hostilizada na faculdade, da mesma maneira que todos os demais membros de minha família. Isso doeu mais em mim do que o próprio caso. O estigma atingiu a todos, em maior ou menor medida. Eu me sentia impotente, diante dessa situação, mas minha família sempre me apoiou, mesmo sendo eles próprios alvos dessa tormenta que sobre mim se abateu, naquela noite.

Quando avistei Paula naquela sala de julgamento, foi estranho olhar para ela e não nos reconhecermos. Éramos amigos desde a adolescência e agora nos olhávamos como estranhos. Era como se, de maneira tácita, acusássemos, um ao outro, por estar ali, naquele lugar, tendo que prestar contas à Justiça. Quis me aproximar e dizer que eu era tão vítima daquela situação quanto ela, mas, percebendo minha intenção, Roberto me desencorajou a tomar tal atitude.

Entramos em uma sala pequena. Paula estava acompanhada de seu advogado e eu, de Roberto. Nossos olhares se cruzaram, rapidamente. Eu a cumprimentei com um tímido aceno de cabeça e um sorriso pálido. Ela não retribuiu. Apenas virou o rosto para o lado.

Só nessa primeira sessão foram mais de duas horas de interrogatório e alguns momentos tensos de acareação, em que a versão dela não batia com a minha. A juíza responsável (temporariamente) pelo caso era claramente mais paciente e condescendente com Paula do que comigo. Roberto, como excelente advogado que é, manteve-se racional e objetivo o tempo todo, aconselhando-me a fazer o mesmo. Quando ele notava que meu corpo se movia no sentido de não aceitar algo que ali estava sendo dito (que no meu entendimento faltava com a verdade), amistosamente punha a mão no meu ombro, fazendo uma ligeira pressão. Quando eu me virava para ele, apenas me olhava, sorria e balançava a cabeça sutilmente, em sinal negativo. Compreendi que se quisesse sair com o menor dano possível, seria melhor aceitar e seguir suas instruções.

Paula e eu éramos tão unidos e andávamos sempre juntos que todo mundo achava que iríamos nos casar. De minha parte, nunca houve qualquer intenção nesse sentido, não sei quanto a ela. Creio que não. Fato é que agora nos convertêramos em dois estranhos, por conta do julgamento. Gostaria muito de que tivesse sido tudo diferente e que ela pudesse ter visto que estávamos no mesmo barco, que éramos vítimas da mesma injustiça. Mas, ao que parece, ela via em mim um traidor e não aquele antigo companheiro de profissão que tantas vezes esteve ao seu lado.

Meus filhos sofriam *bullying*, na escola. Minha esposa parou de sair de casa, para não ser reconhecida na rua como "a esposa daquele médico que saiu no jornal". Pode-se dizer que fui ao inferno e voltei. As labaredas de lá são tão poderosas que ainda hoje sinto seus efeitos em minha vida.

É tão estranho... o doutor João Paulo Menezes, primeira testemunha do caso, afirmou, em seu depoimento, que não havia notado a presença de Paula na sala de parto, no momento em que eu estava na correria para preparar a sala de cirurgia. Fazendo agora uma recapitulação, creio que também não me recordo da presença dela, naquela sala. Consigo, sim, me lembrar dela, naquela noite, mas são alguns *flashes* soltos. Não há, em minha memória, uma sequência de fatos e acontecimentos em que eu possa reconstruir uma narrativa que coloque Paula junto comigo o tempo todo. Isso é muito estranho, porque se supõe que ela, como plantonista daquela noite (juntamente comigo), deveria estar o tempo todo ao meu lado, no trabalho de parto de Carla Barreto. Não consigo me lembrar com precisão desses detalhes, estava sob forte estresse e acho que meu cérebro preferiu apagar certas coisas para me poupar. A tensão era tanta que tudo que fiz foi me concentrar naquele parto, para ser o mais profissional possível. Mas talvez, com esse hiperfoco, eu tenha negligenciado coisas ao meu redor. Talvez tenha dito coisas que não queria dizer a pessoas ao meu redor. Talvez eu tenha dito algo à Paula que tenha feito ela se afastar de mim. Tentei, muitas vezes, e sem sucesso algum, me reaproximar. Hoje nosso convívio é meramente profissional e nosso trato, formal. Algumas vezes chegamos até mesmo a conversar sobre amenidades, mas nunca mais foi a mesma coisa. "Orgulho de seu filho ser igual seu pai", diz a canção do Diogo Nogueira. "E o meu medo maior é o espelho se quebrar". É, pai... meu medo maior foi sempre esse...e sinceramente há vezes que eu creio piamente que o teu espelho, que sou eu, se quebrou naquela noite. Espero que você possa me perdoar, algum dia. Eu descumpri com o juramento do pai dos médicos. Não foi minha intenção. Mas algo aconteceu que estou até agora sem saber explicar. Há fronteiras que simplesmente não podemos ultrapassar. Fiz tudo que pude e soube. Respeitei, segui todas as ações do médico obstetra.

Várias vezes liguei para a casa de Paula, mas sempre atendia algum familiar, dizendo que ela não estava. Até que, em dado momento, o marido dela me disse claramente: "Bernardo, vou te pedir para parar de tentar falar com a Paula. Ela está, sim, aqui. Ela se encontrava de todas as outras vezes que você ligou, mas ela não quer falar com você. Espero que compreenda e respeite isso". Compreender não compreendi. Mas respeitei.

    Cecília ia maravilhosamente bem, na carreira de atriz, hoje trabalha em cinema, teatro e tv, não apenas atuando, mas dirigindo. É uma jovem mulher muito talentosa, e sinto orgulho dela. Fico feliz de ter feito parte da história de vida dela, e como que para retribuir o tanto de livros com que eu a presenteava, ela me dá livros que considera que vou gostar. Geralmente biografias e autobiografias. Ela quase não tem tempo para nada nem eu, mas, sempre que há uma pequena brecha em comum na agenda dela e na minha, nos encontramos para um café e ela me presenteia com um livro, sempre embrulhado.

▶ SEGUNDA TESTEMUNHA

JOSÉ CARLOS PEREIRA FILHO

"Sim, fui responsável pela elaboração de um parecer técnico do caso.

O útero é uma bola esférica e tem um prolongamento. No trabalho de parto esse prolongamento vai se encurtando e a isso chamamos de 'apagamento'. Isso nada tem a ver com a abertura do canal vaginal.

A parturiente Carla foi internada precocemente, no dia 10 de abril de 2012, e o plantão do doutor Bernardo e da doutora Paula seria no dia 12.

O trabalho de parto estava progredindo normalmente, as contrações diminuíram e já estavam com oito centímetros.

Assim que o sofrimento fetal foi detectado, a cirurgia por via alta foi indicada.

A ocitocina é um hormônio da hipófise e trabalha para aumentar a contratividade do útero. A OMS não é favorável ao uso da substância, mas ela foi ministrada de maneira correta pelo doutor Bernardo, para aumentar a contração e precipitar o parto. Isso porque, por volta das 16h, as contrações diminuíram e estavam com oito centímetros.

Na verdade, a OMS, em geral, não é favorável ao uso da substância, mas não a proíbe taxativamente. Ocorre que a ocitocina deve ser utilizada apenas na terceira fase do trabalho de parto, em mulheres que tenham risco de hemorragia pós-parto. A substância pode causar uma hiperestimulação interina e mudanças na frequência cardíaca do feto.

No momento de aplicação do hormônio, não havia indicação da necessidade da cesariana, mas houve uma modificação completa no quadro fetal às 19h.

A cesariana foi indicada assim que foi detectado o sofrimento fetal. Teoricamente, o parto normal seria perfeitamente possível, dadas as conformações da bacia da parturiente, por conta do seu primeiro filho. Portanto, era perfeitamente razoável aguardar a evolução do parto normal"

CAPÍTULO 2

CETICISMO E RELIGIOSIDADE

Paris não, Itália. A cidade das luzes inspira muita melancolia e tudo que eu precisava naquele momento era fugir dela. Assim que me foi permitido pela Justiça viajar, escolhi o grande país para espairecer, refrescar as ideias de todo aquele caos que estava vivendo. Eu não queria, mas mamãe praticamente me obrigou. "Você vai, sim, para descansar um pouco de toda essa loucura. Está precisando mudar de ares". Fui com Sônia para a Itália. Ela sempre foi minha companheira predileta de viagem. Aproveitamos as férias dela e partimos. Eu já ficaria fora do campo de batalha, mesmo, forçosamente, então, nada melhor que viajar para lembrar que o mundo é grande e nós somos pequenos. Fora do país, eu estaria também fora da busca desenfreada da mídia por casos polêmicos. Sempre assisti com interesse aos casos polêmicos, mas jamais imaginei que um dia me tornaria o centro de um deles. Sem notar, acabei atravessando a fronteira que jamais na vida deveria ter atravessado.

A música, a arte, as cores, o espírito da Itália me renovou, de fato, e limpou minha psicoesfera. A companhia de Sônia ajudou ainda mais na minha recuperação. Mas eu sabia que era só um pequeno intervalo, para logo voltar à guerra. As primeiras batalhas eu perdi. Precisaria estar renovado para ganhar as próximas, e essa viagem foi fundamental para isso. Tive total apoio da minha família, ao cabo desses longos anos de angústia.

Com a morte do meu pai, veio, automaticamente, o enfraquecimento do nosso clã. Hoje, apenas mamãe mora no antigo casarão. Diz que de lá só sai quando for para ser enterrada. Marisa, Marta, Sônia e eu tentamos dissuadi-la de todas as maneiras a vender a casa e morar com um de nós. Ela poderia escolher com quem moraria. Sônia não se casou, nem teve filhos e morava sozinha. Mamãe poderia viver com ela. Se escolhesse também morar comigo, com Marta ou Marisa, seria muito bem-vinda. Mas ela é muito nostálgica e preferiu continuar na casa onde possa, sossegadamente, respirar as lembranças dos dias felizes dos quais desfrutamos.

Nossa situação financeira piorou consideravelmente, com a passagem do meu pai. Isso foi um dos motivos pelos quais relutei em ir para a Itália, depois daquela terrível noite. Mas mamãe insistiu muito e disse que: "Realmente não temos mais a vida boa de antes, mas ainda podemos nos dar ao luxo de pequenos prazeres, de umas viagenzinhas".

A mente cientificista e pragmática do meu pai com a religiosidade da minha mãe causaram em mim um resultado de crença curioso. Eu me considero espiritualista, ou seja, alguém que crê em uma realidade que sobrepuja a matéria, ao mesmo tempo em que não abre mão da lucidez e sobriedade da ciência. Como médico, tenho a responsabilidade de conhecer minhas possibilidades e meus limites, dentro da profissão. Um limite, por exemplo, que preciso muito respeitar, é não me valer de folhas e ervas terapêuticas como aplicação medicinal, na vida de uma paciente minha. Mas isso não quer dizer que eu não acredite no poder curativo das folhas. Mas tenho o dever de não misturar minhas crenças pessoais com a ciência. Não posso me valer do que chamam de curandeirismo, em aplicações práticas. Mas, dentro das possibilidades tradicionais, tenho a liberdade de personalizar o tratamento das minhas pacientes, bem como seus pré-natais. Penso em enveredar mais seriamente, na minha aposentadoria, por terapias holísticas. É algo que já venho estudando há anos, pois acredito que esse é um conhecimento precioso que espero algum dia poder aplicar livremente, dentro de todo um protocolo de segurança, é claro. Tudo sempre dentro da legalidade e segurança dos pacientes.

Acredito em uma força criadora de uma maneira agnóstica. Nunca tive problema em aceitar o ceticismo e materialismo extremo do meu pai, nem a religiosidade fervorosa da minha mãe. Mas dessa convivência creio ter nascido em mim a aspiração por um caminho do meio. Uma espécie de fé raciocinada (como diz o kardecismo), por mais paradoxal que possa parecer, ou o budismo que compartilha o que buscamos fervorosamente em um caminho de maior equilíbrio e flexibilidade. Minha escolha pela medicina, como profissão, não foi à toa. A ciência mexe com forças da natureza. Sei que dito assim pode parecer que sou um supersticioso, mas não é verdade. Gosto do conforto da comprovação que a ciência traz, mas reconheço com toda humildade que a realidade integral abrange muito mais do que a matéria tangível dos sentidos. A própria ciência o reconhece, mas não ousa ir além. Não ousa aventurar-se no que extrapola o tangível. Felizmente há mentes abertas o suficiente para reconhecer essa dimensão não tangível da realidade e aventurar-se a conhecer. É o meu caso. Quando há pouco mencionei a psicoesfera, por exemplo, posso soar maluco, para algumas pessoas, ao passo que para outras essa palavra é muito natural.

Tenho lembranças muito bonitas dos natais em família. Era um momento mágico, para mim. Cada detalhe era muito especial. Marta e eu montávamos o pinheiro, juntos. Marisa não tinha paciência para isso e Sônia gostava de ficar na cozinha, ajudando minha mãe a preparar a ceia. Papai chegava quase sempre perto da meia-noite. Isso quando estava presente, porque muitas vezes passava a noite toda no hospital, em assistência a algum trabalho de parto.

Tios e primos invadiam a casa. Era uma alegria só. A árvore ficava lotada de presentes, a ponto de ficarem empilhados. Toda parentada trazia presentes e sempre contribuíam com alguma coisa para a ceia. Tia Margarete (irmã de mamãe) levava rabanada, tia Lúcia (irmã de papai) levava pudim e fios de ovos, e por aí ia. Alguns tios meus ficavam no quintal, fumando e falando de política, enquanto as crianças brincavam entre si e com seus novos brinquedos. Os mais novos acreditavam ainda em Papai Noel, que era encarnado por tio Mauro, que sempre se vestia de bom velhinho.

Quando papai chegava a tempo para a ceia, era recebido com imensa alegria por toda a família. Estava sempre muito cansado, porque vinha de algum atendimento que havia durado horas. Sempre dura. Sempre é desgastante ao extremo. Hoje eu sei na pele.

Era tanto brinquedo que Cecília ganhava, que, ao longo do ano, fazíamos doação de boa parte deles ao instituto da igreja, onde mamãe trabalhava com gestantes em vulnerabilidade social. Com o passar dos anos, esses presentes converteram-se em livros, porque minha sobrinha tornou-se uma leitora voraz e disse a todos que gostaria de ganhar livros ou viagens de presente. Dessa forma, encerrava-se toda uma fase de bonecas de louça vitorianas para dar lugar aos clássicos, nas prateleiras do seu quarto.

Marta resolveu estudar música, quando criança, e papai comprou para ela um piano de armário. Disse que, se prosseguisse firme nos estudos, substituiria o de armário pelo de cauda. Durou mais do que mamãe imaginou que fosse durar, o gosto dela pelo instrumento (uns dois anos), mas não o suficiente para convencer papai a comprar um piano de meia cauda. Uma das primas de mamãe, Graziela, era pianista profissional, e sempre havia música nas noites de Natal. Além do piano tinha flauta transversa (Carmen, uma outra prima da minha mãe, tocava) e acordeon, que ficava por conta de Rogério, um tio meu, irmão do meu pai. Para mim era o paraíso, a noite de Natal, com música, brincadeiras, jogos, conversas, reunião da família, ceia, árvore de Natal, etc. Sempre desejei que esses momentos nunca terminassem. Mas terminaram, e não consigo nem expressar a falta que me fazem e a dor que a ausência deles me causa. Hoje, no máximo, um de nós faz uma visita à minha mãe, ou ela vai à casa de algum de nós três, e fica por lá, assistindo à Missa do Galo. Deprimente. Prefiro guardar na memória aqueles momentos tão preciosos que vivemos por tantos anos seguidos.

Uma das minhas primas, a Ana, era muito amiga de Sônia, e nos Natais as duas sempre trocavam uns presentes exóticos, de algum lugar para onde tinham ido. Eram as duas viajadeiras, adoravam exibir pra todo mundo os lugares onde estiveram e o quanto passearam pelo velho mundo. Já viajaram juntas, inclusive, mais de uma vez.

A televisão até ficava ligada durante as festas natalinas, mas não era a protagonista (felizmente). Era mais para agradar mamãe que gostava de assistir a alguns trechos da Missa do Galo. Mas a voz do Papa era apenas mais uma, perdida, dentre tantas outras vozes reais, que estavam ali, nas pessoas de carne e osso. Tinham vezes que minha mãe mesma desligava a tv e só os instrumentos soavam, além das conversas.

Marta, mesmo depois de ter abandonado a música, se empolgava para tocar piano, nas noites de Natal, e aí Chiquinha Gonzaga entrava com tudo, na casa, em suas polcas que a tornavam mais viva do que nunca. Minha irmã adorava tocar a música da grande maestrina e os choros de Ernesto Nazareth. Minha avó Jandira (mãe da minha mãe) tocava piano, também, mas amadoristicamente. Ela adorava ver Graziela e Marta tocando e pedia as suas favoritas, sendo "Forrobodó" (de Chiquinha) uma delas.

Forrobodó da maçada
Gostoso como ele só!
É tão bom como a cocada
É melhor que o Pão De Ló!

Forrobodó de maçada
Gostoso como ele só!
Xi! A zona está estragada!
Aí meu Deus que forrobodó!

Tem enguiço, tem feitiço
Na garganta faz um nó!
Então seu guarda que é isso
Aí meu Deus que forrobodó!

Mas, então pelo que vejo
Não apanho um frango só!
Eu vejo, que já não vejo
Aí meu Deus que forrobodó!

(Chiquinha Gonzaga)

EM NOITES DE FESTAS, esse era o embalo em que as gerações se misturavam e reconectávamos nossos amores. Por uma agitada noite, esquecíamos as diferenças, enchíamos os copos, dos adultos, dançávamos e cantávamos madrugada adentro. Muitas vezes, as crianças iam dormir e os adultos continuavam sua liberdade de serem felizes sem as amarras já tão enraizadas e, até, justificadas e limitadoras. Quando a noite estava no auge, a sala era povoada de corpos embriagados e dançantes. Todos, sem tantos pudores, riam uns dos outros de forma convidativa a compartilharem mais e mais aquele momento. As canções eram desafinadamente cantaroladas por todos. Poucos momentos eram tão felizes como esses. As poucas coisas combinadas naquela noite eram sobre o que levar para ser compartilhado entre bebidas e comidas, o horário próximo ao que devíamos chegar e, silenciosamente, que seríamos felizes.

No auge da noite, a tv já estava desligada e as duas grandes mulheres daquela família eram donas do espaço. Minha mãe e vó Jandira faziam o dueto mais esperado. Minha mãe, depois de cansar da tv, e minha tia, depois de muito admirar Graziela e Marta, entreolhavam-se há um tempo, como se estivessem esperando o momento certo. Então, piscavam uma para outra admirando e rindo das gerações mais novas. Sorriam pelo canto da boca e falsamente demonstravam certa timidez inexistente naquele momento. Todos já sabiam que, pela animação, o nosso grande show já estava por vir. Era só a noite continuar naturalmente agradável, que elas dançariam. Com vontade de ensinar como se fazia, mamãe levantava da poltrona, como se nada quisesse, caminhava ritmicamente em direção à vó, com o sorriso mais debochado possível. A vó Jandira soltava uma gargalhada que levava a cabeça para trás. Era a certeza de que já passava da hora para o show começar. Os brindes e a gritaria entre os filhos e netos eram percebidos por todos os lados. Dando continuidade ao piano, para que as nossas musicistas não ficassem de fora, formávamos nosso próprio teatro. Elas brilhando em meio à arte, e nós ao redor do palco improvisado, aos brindes, aplausos e sorrisos. Era um som indefinido, mas uníssono.

A vitrola da casa trabalhava muito, também, nas noites natalinas. Tínhamos uma enorme coleção de vinis só com canções de Natal. Tudo era tão perfeito, tão bonito, tão especial... mas foi se desfazendo, pouco a pouco, ano após ano, com as mortes e os desentendimentos familiares. Foram se desfazendo ante meus olhos, sem que eu pudesse fazer nada para impedir. Esse silenciamento foi nos ensinando a lição mais triste (e talvez a mais importante) da finitude dos momentos e da própria vida. Logo eu, que tantas vidas ajudei a trazer ao mundo, tive que conviver, penosamente, com minha família se desmantelando, ao longo dos anos, fugaz como uma placenta prestes a estourar.

É interessante perceber o quanto é importante a figura das nossas raízes. Dona Jandira e minha mãe já não estavam em nossos raros encontros. Todo o estalar dos copos já estava silenciado. Às vezes, acontecia de o silêncio da noite ser interrompido pelo tocar do telefone no meio da ceia e papai ter que sair para atender alguma paciente que havia entrado em trabalho de parto. Para mim era sempre uma tristeza quando isso acontecia, mas eu compreendia. São ossos de um ofício em que muitas vezes precisa-se abrir mão de momentos preciosos com sua própria família para ajudar a nascer o mais novo membro de alguma outra. Hoje, meus filhos e minha esposa também ficam tristes com minhas ausências repentinas, ocasionadas por emergências que preciso atender.

A vida precisa ser ressignificada. Sempre. Principalmente nos momentos em que a nossa fé em nós mesmos começa a desmoronar. É justamente nessas horas que mais precisamos ressignificar a vida. É o que tento fazer há anos, desde aquela terrível noite, que dividiu minha existência em um antes e depois. Mas ressignificar pode ser mais difícil do que tocar uma polca da Chiquinha Gonzaga em uma noite de Natal. Pode ser mais difícil que ganhar uma partida de xadrez do meu pai. A ressignificação muitas vezes não está completamente em nossas mãos. Principalmente quando somos julgados e avaliados por nosso público alvo, de trabalho. Viver torna-se uma tarefa verdadeiramente hercúlea. É ter que combater "um leão por dia" e perder, na maioria das vezes. É como estar constantemente em uma arena e não conseguir escapar dela, é não ter nem tempo para pensar em uma fuga, porque não te dão espaço para respirar entre um leão e outro.

CAPÍTULO 3

ROBERTO

A vida é paradoxal em muitos sentidos. Pense que uma das coisas que faz você estar vivo, que é o oxigênio, é o que te mata lentamente, porque vai oxidando a matriz das células e te envelhecendo, até que tudo dentro de você começa a falhar, irremediavelmente. Na mesma forma, o canal através do qual todo mundo se alimenta durante seus primeiros nove meses de existência, que é o cordão umbilical, tem que ser cortado, no momento do seu nascimento. A vida urge por expressar-se e luta por seguir existindo, mesmo que agarrando-se a um frágil fiapo. Dentro de uma minúscula bolha formada por uma gotícula de orvalho pode existir uma biosfera delicadíssima, que dura o tempo de uma noite, ou apenas algumas horas. Existe ali dentro, microscopicamente, toda uma história, que pode envolver milhares ou mesmo milhões de existências, que no nosso tempo deixarão de existir muito rapidamente. Mas que no tempo delas houve desenvolvimento, reprodução e, até mesmo, envelhecimento. Algumas pessoas têm apenas alguns minutos ou mesmo segundos de vida, devido a determinadas patologias que não permitem que aquela vida se prolongue. A ciência, hoje, pode detectar, ainda antes de doze semanas de gestação, algumas dessas patologias. Essa tecnologia faz com que muitas mulheres não queiram passar pelo sofrimento de parir uma criança que irá viver por tão pouco tempo, pois elas não veem sentido nisso. Minha visão como médico e ser humano é oposta a essa. É justamente porque aquele ser terá apenas alguns segundos ou minutos de vida que tem o direito de nascer. É justamente porque a vida é um milagre, de tão rara, que não se deveria nunca pensar em acabar com ela antes do tempo, porque assim estamos privando alguém do pouquíssimo tempo que teria, no planeta. Se uma pessoa que irá viver setenta, oitenta ou mesmo vinte anos, tem o direito de nascer, por que não um bebê que irá durar dois dias, um mês, uma semana ou mesmo cinco minutos? Por que privar alguém de viver o pouco tempo que lhe foi dado? É de uma maldade abreviar uma vida que por si só já será tão curta. Mais difícil ainda é não permitir que nasça, por motivos quase sempre mesquinhos e egoístas. Já me ofereceram enormes quantias para realizar curetagem. Neguei todas elas, e continuaria negando até o fim da vida, porque não conseguiria conviver comigo mesmo, nem dormir tranquilo, depois de ter cometido assassinato intrauterino. Meu pai, mesmo não sendo religioso de nenhuma forma, sempre me dizia: "Nunca se aproveite da sua profissão para tirar a vida de um indefeso". Mas reconheço que se trata de assunto polêmico em muitas situações e, no que se refere aos aspectos jurídicos que envolvem a questão, deixo para os doutos da lei.

Alguns anos antes de morrer, papai foi diretor geral do hospital de Bonsucesso, bairro da zona norte do Rio de Janeiro, e ajudou Roberto, que na época estava passando por dificuldades em sua profissão, ainda em início de carreira. Como advogado criminalista, a tensão e o estresse são muito grandes, ameaças a ele e à família são recorrentes, assim como as tentativas de suborno. Justamente as negativas dele em aceitar altos subornos fizeram-no alguém não confiável para grande parte de seus clientes, que só compreendia a vida por vias ilegais. Roberto sempre foi honesto e reto como uma navalha. Isso lhe causou algumas boas e grandes dores de cabeça, ao longo de sua vida profissional. Ficou desempregado e papai imediatamente o contratou como advogado do setor jurídico do hospital, o que fez com que Roberto o venerasse e fosse agradecido a ele para o resto da vida. Ajudando Roberto, papai estava ajudando sua própria filha, é claro. Havia ainda a família do meu cunhado, que esteve presente nesse momento mais difícil de sua vida. Família é para essas coisas, sobre isso não posso me queixar da minha. Nem da que eu vim, nem da que constituí, posteriormente. Sempre tive apoio dos dois núcleos, assim como Roberto sempre contou com o apoio da nossa família e da família dele, o clã do Leblon. Com o tempo montou seu escritório e tornou-se um dos mais bem sucedidos criminalistas do país. Até hoje sou grato a ele e não sei como pagar por tudo que fez por mim, depois da terrível noite que trouxe a tormenta que se precipitou em minha vida. Ele sempre diz que era o mínimo que poderia fazer depois do meu pai tê-lo ajudado tanto. Eu discordo. Acho que ele fez bem mais que o mínimo. Amenizou muito a tormenta pela qual tive que passar e da qual ainda estou me livrando.

CAPÍTULO 4

TOQUINHO

Minha relação com Paula azedou, irremediavelmente. Foram muitas as tentativas de reconciliação, mas ela ficou muito abalada com os acontecimentos daquela noite e, por alguma razão, me culpabiliza pelos desdobramentos. Mas eu fui tão vítima quanto ela. Assim como aconteceu comigo, o estigma de má médica abateu-se sobre ela, depois dos acontecimentos fatídicos. Ela também foi assombrada, por um tempo, pelo fantasma do desemprego, e por outras assombrações mais perigosas ainda, como a ameaça que sofreu por parte do ex-companheiro de Carla Barreto.

Minhas tentativas de reaproximação foram justamente na intenção de deixar claro à Paula que estávamos no mesmo "barco", que eu estava ao lado dela, nessa história toda, mas, no entendimento dela, eu era um inimigo, talvez até mesmo um traidor. O mais estranho é que não me lembro de tudo em detalhes. Não tenho todas as informações do que ocorreu naquela noite terrível. Acho que tive uns apagões e minha memória sofreu alguns lapsos. Estava sob forte carga de estresse. Carla estava muito nervosa, e eu, além da saúde do bebê, estava muito preocupado com a saúde dela também, porque sua pressão estava alta.

Minha vida profissional sofreu uma reviravolta, depois daquela noite fatídica. O Conselho Regional de Medicina suspendeu minha licença por quase um ano, o que me pareceu uma infinidade. Não se estendeu para além disso, porque graças à habilidade de Roberto, pude recuperar meu direito para exercer a profissão. Ingenuamente imaginei que esse seria o pior dos meus problemas, porém me enganei terrivelmente. Meu calvário se arrastaria ainda por anos, e ainda estou nele, por sinal. Hoje os efeitos daquela noite já estão quase no fim, graças a Deus. Mas o estigma, as marcas, a ferida; ficarão para sempre. Sempre pensei que meu desejo por salvar vidas e trazê-las ao mundo atrairia apenas coisas boas e a gratidão das pessoas. Ledo engano. Um "escorregão" fez com que eu atraísse o ódio e ressentimento de alguns. Isso se abateu sobre mim como o fato mais terrível que poderia me acontecer. A vida, para mim, é e sempre será sagrada. Eu sei disso. Mas ninguém mais sabe. Ninguém se importa. Ninguém se importa com o nível do compromisso que assumi com Deus, ao prestar o juramento na formatura. Ninguém se importa com anos e anos de acertos. Eles só olham o erro. Ninguém se importa (e nem se importou, naquela noite) em saber se o erro havia partido de mim, realmente. Tudo que querem é um boneco de Judas para descarregar seu ódio, sua inveja, seu rancor e seu ressentimento. Médicos são sempre tratados como divindades ou inimigos mortais. Nunca como seres humanos normais.

Tive que contar com o apoio de minha família durante muito tempo. Meu nome estava sujo e ninguém mais confiava em meu trabalho. Reconstruir minha reputação é um trabalho que venho tendo até os dias de hoje, porque não é fácil que as pessoas esqueçam um caso como o de Carla Barreto. Esse é meu estigma.

A última vez que sofri um golpe dessa magnitude em minha vida foi quando papai faleceu. Foi, sem dúvida alguma, o dia mais triste de minha vida. Minha família nunca se recuperou por completo dessa perda. Papai era a rocha sobre a qual nosso clã estava firmado e construído. Foi terrível chegar um dia do trabalho (depois de ter realizado três partos complicadíssimos) e encontrar todo mundo de luto e o corpo do meu pai sobre a cama, inerte e de expressão serena, como quem tem certeza de que cumpriu plenamente com sua missão.

Mamãe e Sônia se encarregaram de vesti-lo, depois que seu corpo foi devidamente preparado no IML. Como o falecimento ocorreu dentro de casa, precisamos contar com a habilidade e influência de Roberto para acelerar a burocracia de liberação do corpo, o que evitou que nosso sofrimento adquirisse requintes de tortura. Seria terrível se tivéssemos que contar com outras pessoas para dar prosseguimento ao velório e enterro de papai.

Quanto à mamãe, pensei que fosse partir pouco depois do meu pai, pela maneira como sua morte a abalou. Ela entrou em uma depressão profunda e foi difícil, para todos nós, vê-la definhando pouco a pouco, abalada com a morte do companheiro de tantos anos. O que a puxou de volta à vida, creio eu, foram os netos, principalmente Cecília. A essa altura, Marisa e Roberto já estavam no quarto filho, Marta já no segundo e eu no primeiro. Felizmente papai pôde ter alguma convivência (ainda que pouca) com alguns de seus netos.

Cecília gravou um vídeo e o publicou, declamando um poema do trabalho da escola, foi uma paródia que fez da música do grande Toquinho, que compôs em homenagem ao avô. Nessa época ela era já uma atriz de renome e todos ficamos muito emocionados com sua homenagem. Sentimos um nó na garganta ao ouvir todo amor envolto nesse trabalho. Acho que ninguém esperava pela declaração tão amorosa e verdadeira. Esse presente gerou certo constrangimento, na sala, diante dos olhos marejados de todos que assistiram à declaração da neta para o avô.

O AVÔ QUE EU TENHO

É comum a gente sonhar, eu sei, quando vem o entardecer
Pois eu também dei de sonhar um sonho lindo de morrer
Vejo do berço ele a se debruçar com o meu pranto para me socorrer
E assim chorando acalentar a neta que eu vim a ser
Dorme, minha pequenininha, dorme que a noite já vem
Teu pai está muito sozinho de tanto trabalho que ele tem

De repente eu vejo se transformar em uma menina sorrindo pra mim
Que vem correndo me beijar quando eu chegar lá de onde eu vim
Uma menina sempre a me perguntar um porque que não tem fim
Uma neta a quem só queira bem e a quem só diga que sim
Dorme, menina levada, dorme que a vida já vem
Teu pai está muito cansado de tanto trabalho que ele tem

> Quando a vida enfim me quiser levar pelo tanto que me deu
> Sinta-me a te abraçar no derradeiro abraço meu
> E ao sentir também sua mão vedar meu olhar dos olhos seus
> Ouvir-lhe a voz a me embalar num acalanto de adeus
> Dorme, minha pequenina, sem cuidado, dorme que ao entardecer
> Teu avô sonha acordado, com a neta que ele sempre quis ter

DESDE A PARTIDA DE meu pai, mamãe fez da igreja sua segunda casa e raros eram os momentos em que estava em casa. Até mesmo as refeições eram na igreja. Ela, que já era magra, ficou pele e osso, numa aparência assustadora. Olheiras fundas e uma eterna expressão de luto. A fé era sua dose diária de vitamina, era o que ainda a mantinha ligada à vida por um fio que parecia prestes a arrebentar.

Alguns pacientes dos hospitais onde papai trabalhou renderam-lhe homenagens tocantes. Também seus pares, médicos já idosos que trabalharam com ele ao longo de décadas, estavam verdadeiramente emocionados com a perda do amigo e colega.

Nossos natais nunca mais foram os mesmos. No ano em que papai faleceu, tudo tinha gosto de luto. Foi o pior Natal das nossas vidas. Tudo o lembrava. Tudo. A ceia ficou quase que intocada. Ninguém tinha fome. Mamãe estava inconsolável, chorava sem parar. Pediu desculpa e foi para seu quarto bem antes da meia noite e disse que não esperassem por ela, porque iria se recolher, não se sentia bem. A televisão cresceu, no Natal desse ano. Ganhou um espaço que nunca antes teve naquela casa. O piano emudeceu (mamãe trancou a tampa e o cobriu com uma capa grossa de veludo cor de vinho), bem como a vitrola e os vinis. Ninguém se atreveu a manifestar alegria. Ninguém estava alegre nessa noite. Grande parte da parentada foi embora mais cedo que de costume. Mamãe nunca mais preparou a ceia. Marisa e Sônia tomaram para si essa incumbência. O antigo palco das deliciosas palmas para as grandes damas da noite recebera, agora, o silêncio noturno. Ele não mais era sujo pelos líquidos derramados dos brindes e das palmas desajeitadas que desequilibravam os líquidos das taças.

Meus filhos e sobrinhos brincavam e se divertiam o quanto podiam, mas sentiam a tristeza e o pesar na atmosfera da casa. Eles não foram testemunhas da alegria de outrora. Não os tolhíamos de terem seus divertimentos, não seria justo. Os presentes eram sempre uma alegria para a geração mais nova da nossa família, as crianças eram a alegria que havia restado, depois da morte do patriarca. Representavam o novo, a vida. Traziam a vitalidade que já não carregávamos conosco, e isso era bom, porque trazia algum frescor, em meio a toda aquela morbidade cinza.

Os natais seguintes foram melhores, em certo sentido. A ferida não estava fechada ainda por completo (algum dia se fechou?), mas não era mais a fase traumática da negação. Vivíamos agora a tristeza da lembrança que tínhamos de papai, sim, mas indo para a aceitação. A distância de um ano entre um Natal e outro ajudava a digerir a perda. No terceiro Natal, depois da morte de papai, o piano voltou a cantar. Não ainda a música da maestrina brasileira. Algo mais solene e discreto de antigos compositores europeus, como Chopin, Bach, etc. Graziela reinaugurou a música no Natal de casa. Mas não avançamos muito, depois do luto. Ou melhor dizendo, não voltou a ser uma festa cheia de cor, gargalhadas e instrumentos de todo tipo. O acordeom de tio Rogério nunca mais foi escutado, nem a flauta da prima Carmem.

Pouco depois do primeiro Natal que passamos sem o meu pai, foi a vez de nos despedir-nos de vovó Jandira. Era já muito idosa, passava dos noventa anos e fazia tempo que lutava por se agarrar à vida. Mal terminou o luto pela morte do meu pai, tivemos que vivenciar o de minha avó, no ano seguinte. Minha mãe e vários de meus tios ganharam cabelos brancos, nessa época. A cabeça da minha mãe ficou quase toda branca, parecendo um grande floco de neve. O desinteresse dela em pintar o cabelo chamava a nossa atenção, mas não podíamos falar nada, pois não tínhamos a autorização de lembrá-la do quanto estava difícil sair do luto. Minhas irmãs tentavam conversar sobre a vaidade que ela sempre demonstrara em se manter com a aparência mais jovem. Mas ela se recusava a ouvir e cortava o assunto, antes que esse tomasse horas daquele convívio familiar.

Sônia e tio Rogério tiveram uma discussão feia, em uma noite natalina. Não pude entender muito bem o princípio de toda confusão, mas, pelo que me contaram, depois que ele bebeu além da conta, de uma maneira "brincalhona", disse que minha irmã mais velha era uma encalhada. Sônia não gostou nada da piada e quis tomar satisfação. Aí os times contra e a favor (de ambos) se formaram, bem como um terceiro grupo de neutros (do qual eu fazia parte). Mamãe foi em favor da minha irmã e disse que o cunhado era muito machista, que ele não tinha nada que se meter na vida da sobrinha. Ana, por sua vez, filha do tio Rogério, respondeu malcriadamente minha mãe para defender o pai, dizendo que ela e Sônia pareciam ter perdido o bom humor depois que meu pai morreu. Isso chocou minha irmã mais velha, que resolveu então expulsar Ana de casa. Marisa e Marta tentaram colocar panos quentes, mas o estrago estava feito. Tio Rogério se ofendeu com o fato de Sônia ter tentado expulsar sua filha e foi embora com ela. Mamãe, a essa altura, estava passando mal e nessa hora eu deixei o grupo neutro e, como médico e filho, entrei em ação e pedi (na verdade ordenei), de maneira nada educada, que todos dessem por terminado o showzinho, e que fossem embora da minha casa, porque teria que cuidar da minha mãe. Até os que não tinham nada a ver com a história acabaram indo embora. Marta fez um chá e compressas, enquanto eu dava um calmante para minha mãe.

Ao longo do ano, as pessoas foram se reconciliando, mas nada mais era como antes. Todo Natal tinha alguma briga, algum desentendimento, alguma provocação, algum episódio antigo que era "jogado na cara" de alguém. Com o tempo, nossa casa foi se esvaziando nas noites natalinas. As pessoas preferiam ficar em suas próprias casas, o que deixava mamãe arrasada. Ela queria manter a tradição, a união da família, mas já não era possível. Muitos desgastes, muita confusão, muitas histórias mal resolvidas. O clima era já tão desgastado que Marisa e Roberto já não passavam a transição de Natal na casa da mamãe. Iam lá algumas horas antes, para cumprir com seus papéis sociais, mas iam embora antes das dez da noite. Em um determinado ano, minha esposa também disse que não queria mais passar os natais lá. Nós brigamos, eu disse a ela que minha mãe estava cada vez mais sozinha e que eu queria estar com ela pelo menos no Natal, já que quase nunca aparecia lá, por estar tão ocupado com o trabalho. Ela me respondeu que eu poderia ir, sem problemas, mas que ela não iria, ou, se fosse, iria embora mais cedo para nossa casa, assim como faziam Marisa e Roberto. "Acorda, Bernardo! Desde que seu pai faleceu que já não é a mesma coisa. As pessoas seguem suas vidas e você é chefe de família agora, tem esposa e filhos. Quero poder passar os natais na minha casa, com a minha família, sem ter que aturar uma multidão de parentes seus que nem você conhece direito. Um monte de tios e primos que você nem sabe de onde vem e que só aparecem no Natal, lá na casa da sua mãe."

Ano após ano, discutia com minha esposa, por causa disso. "Mamãe sempre te tratou bem. Você poderia, pelo menos, ter uma consideração por ela. Você sabe que o Natal é uma data importante para ela. Para todos nós. É só uma vez por ano. Custa alguma coisa a gente estar com ela?". Mas no fim acabei cedendo à pressão da minha esposa. Íamos lá, mas voltávamos para casa antes das dez da noite, assim como todo mundo. A única que passava a noite lá era Sônia, para não deixar minha mãe sozinha.

Com o passar dos anos, nossa família foi murchando e o espírito natalino desistiu de permanecer em nossa casa. Tudo ficou mais triste. Papai e vovó levaram consigo a chave da união. Meu pai era a grande liga da família. Era impensável brigar ou discutir na frente dele. Isso passou a ocorrer apenas depois de sua partida. A cada ano, menos pessoas ficavam até a meia-noite, na casa da minha mãe. Tudo foi ficando muito melancólico e a alegria realmente foi se esvaindo, ano após ano, Natal após Natal, o que me remete a um clássico da Literatura Brasileira, da escritora Maria José Dupré: Éramos seis. A diferença é que a família de dona Lola era pequena e se desfez por completo com o passar dos anos. Já a minha, por ser muito grande, e por termos convivido durante muitos anos, não chegou a se desmantelar, mas fragmentou-se em células menores, digamos assim.

As pessoas mais chegadas a mim eram ainda Marisa, Cecília e minha mãe. Com Marta e Sônia eu mantinha uma relação mais cordial, creio que nos afastamos, com o passar do tempo. Sônia e eu nunca chegamos a ser muito próximos. Nossa diferença de idade é muito grande, ela sempre me tratou como um irmão menor a ser protegido, e por isso mesmo não chegamos a criar cumplicidade, como Marisa e eu criamos. Cecília estava no auge de sua carreira, viajando muito e gravando fora do país. Sempre que podíamos (o que era raro, visto que ela e eu estávamos quase sempre muito ocupados) nos encontrávamos para um rápido café e uma conversa curta, para botar o papo em dia. Cada vez que nos encontramos e olho para ela, eu me assombro ao reconhecer uma mulher feita, na minha frente. Eu me pego pensando no quanto passa rápido o tempo. Eu a vi nascer e agora ela está para casar. Está muito feliz com o noivado e com a carreira; e eu, feliz por ela.

▶ TERCEIRA TESTEMUNHA

ANA FLORES MURTINHO

"Sou técnica de enfermagem e trabalho no centro cirúrgico do Hospital Maternidade. Na época do caso da Carla, eu trabalhava com o doutor Bernardo. Uma sala de cirurgia leva de vinte a trinta minutos para ser preparada. É impossível fazer tudo em cinco minutos, porque envolve várias pessoas. O instrumentador e o anestesista devem ser chamados e todo material estéril deve ser preparado. No momento em que iniciamos a preparação da sala cirúrgica, a gestante entrou em trabalho de parto e teve de ser encaminhada para a sala de parto normal. Sim, a doutora Paula também estava de plantão naquela noite, mas quem acompanhou a Carla o dia todo foi o doutor Bernardo. Cada médico fica em um piso diferente. O do andar de baixo é o que realiza os primeiros atendimentos e quem estava nessa função era a doutora Paula. Quando o doutor Bernardo solicitou a sala de cirurgia, a gestante estava com contração e dilatação total. Sim, tenho certeza dessas informações, porque ajudei a examinar a paciente. Não deu tempo de ir para a sala de cesárea. O doutor Bernardo parecia um pouco agitado, acho que meio angustiado. Parecia que estava pressentindo alguma coisa. Já a doutora Paula não sei bem, reparei pouco nela... mas... do que me lembro, parecia tranquila. O doutor Bernardo é sempre muito preciso e muito profissional em suas decisões. Naquela noite, ele ia de uma sala para outra e tentava estar em todos os lugares, para que tudo saísse bem. Ele mesmo nos ajudou na preparação da sala de cirurgia.

Estava chovendo muito naquela noite. Fiquei quase que o tempo todo no andar de cima, preparando a sala, conforme me pediu o doutor Bernardo. Apenas uma vez eu desci, para pegar parte do material que precisava para a cirurgia. Foi nessa vez que vi a doutora Paula na sala do parto normal, cuidando da paciente. Na volta, a doutora já não estava lá, mas tinham duas enfermeiras cuidando da Carla. Sim. Tenho certeza porque passei pela sala, olhei para dentro e vi. A porta estava aberta."

CAPÍTULO 5

FILHOS

Quando meu primeiro filho nasceu, minha mãe ficou tão contente que parecia ter voltado à vida. Fazia tempo que estava desanimada e definhava a olhos vistos. O neto coloriu a vida dela de uma maneira que não imaginávamos ser capaz. Pouco tempo depois, nasceu minha filha, o que a deixou ainda mais contente. Fazia questão de cuidar e ajudar a criar. Cecília teve um menino. Depois dela foi a vez de Marta, que deu à luz dois meninos gêmeos. As crianças devolveram a vida a minha mãe. Depois de um tempo, a casa dela parecia uma creche cheia de vida e repleta de duas crianças correndo de um lado para o outro, cheias de vontade. Como nós três (dos que tivemos filhos) sempre fomos muito ocupados, mamãe aproveitou para participar muito ativamente da criação dos netos. Os natais voltaram a ser alegres e coloridos, com a vinda das crianças. Nada mais foi como antes. Não teria como ser, mas a vida voltou a reinar naquela casa, onde fui tão feliz durante minha infância.

É impressionante como há gente que atenta contra a vida humana. Que atenta contra a própria vida e contra a vida de sua prole. Tive pacientes que por mais que eu explicasse, orientasse e esclarecesse, ainda assim escolhia permanecer na ignorância e no egoísmo das drogas. Mesmo sabendo que aquilo afetaria seu bebê. Lembro um caso, em particular (que foi uma exceção, na obstetrícia, diga-se logo), de uma menina grávida depois das vinte semanas de gestação, que apareceu na ONG de mamãe. A vida dessa menina estava completamente desestruturada, o pai da criança havia desaparecido. A menina tinha dezesseis anos e usava drogas pesadas. Como a ONG da igreja tinha conseguido parceria com um hospital maternidade, pude cuidar da menina (tanto quanto possível), com alguma estrutura material. Fizemos ultrassom. Ela nem sabia o sexo da criança, até então. Era uma menina. Aparentemente saudável. Eu me espantei quando a gestante me disse, sorrindo, e sem nenhum pudor, que usava vários tipos de drogas pesadas, e que não tinha nenhum medo de que aquilo afetasse seu bebê. Imediatamente aconselhei-a a parar com as drogas, a buscar ajuda especializada, mas ela não me deu atenção e continuou com o uso daquelas substâncias biocidas. Cocaína, cigarro, bebida, heroína, LSD, etc. Cheguei a cogitar a possibilidade de interná-la compulsoriamente, para o bem da criança que iria nascer. Para isso consultei o Roberto, eu precisava saber se havia algum respaldo legal no que eu estava prestes a fazer. Ele me deu sinal positivo e, mais que isso, se dispôs a me representar, caso a eventual internação da menina me causasse alguma dor de cabeça. Mas, depois, pensei bem e achei melhor não fazer isso. Seria mais traumático do que benéfico. Isso poderia causar um estado de trauma que com certeza afetaria terrivelmente o bebê, talvez até mais do que as próprias drogas. Fiz a minha parte, ajudei no que pude, aconselhei de todas as formas e fiz o melhor pré-natal possível. Incrivelmente a criança nasceu completamente saudável. Ao menos fisicamente. A mãe não me agradeceu, em momento algum. Pelo contrário. Zombou de mim, dizendo: "Viu, doutor? Tá perfeita, a minha filha! Não teve nada desse negócio das drogas, que o senhor disse, não! Vou continuar usando". Eu apenas sorri, com pena dela e da criança (muito mais da criança) e disse: "Vá com Deus e cuide bem da sua menina".

  Esse caso, como disse anteriormente, foi uma exceção. Ao longo da minha carreira, vejo muito mais os casos em que a ciência demonstra estar certa do que as exceções que confirmam a regra. A qualidade da gestação humana está intimamente relacionada com a maneira com a qual a gestante a vivencia. O feto, desde muito cedo, sente tudo que acontece com a mãe. Paz e tranquilidade são coisas importantes para o bom desenvolvimento da criança. Uma alimentação saudável é fundamental para o bom desenvolvimento da criança. A felicidade da mãe é fundamental para o desenvolvimento da criança, já que toda carga emocional é transmitida da gestante para o bebê através do cordão umbilical. Harmonia familiar é muito importante para o desenvolvimento da criança, porque ela sente que está segura naquele ambiente. Contrariamente a tudo isso, as drogas são péssimas para o desenvolvimento da criança, porque podem afetar negativamente em vários aspectos, e uma má formação por conta do uso de drogas gera danos não apenas para o bebê, mas para a mãe, que terá de carregar para o resto da vida a culpa da criança ter nascido com alguma deformidade ou limitação.

A ignorância é muito ruim, mas a arrogância é ainda pior, porque não deixa a pessoa enxergar o quão ignorante está sendo. A arrogância é a teimosia em permanecer na ignorância, é orgulhar-se de estar nela. Foi o caso dessa menina cuja história do pré-natal acabei de narrar. Dei graças a Deus pela menina dela ter nascido sem problemas de saúde. Não torci, em nenhum momento, que ela nascesse doente apenas para provar o ponto de vista médico. Até porque, o fato de ela ter nascido saudável não invalida em nada o ponto de vista da medicina, que continua dizendo que drogas afetam muito negativamente uma gravidez. O que a ciência não explica, para mim, é automaticamente explicado pela espiritualidade. Como crença é algo de foro íntimo, não exponho aos meus pares o que penso, quando ocorrem casos como o dessa menina gestante que claramente é uma exceção bem fora e bem longe da curva habitual. No meu entendimento, foi a mão de Deus, protegendo essa criança da própria mãe, que não passava de uma adolescente irresponsável, arrogante e perdida na vida. Mas vou narrar um caso, agora, que confirma o conhecimento da ciência, na obstetrícia.

Isabela foi uma paciente em meu primeiro ano de carreira. Uma jovem mulher de 22 anos, magra, alta, cabelo curto, olheiras fundas e de expressão melancólica. Uma moça de uma família da classe média, que trabalhava como gerente em uma famosa loja de joias. Ela geralmente ia sozinha ao meu consultório. Apenas uma vez, a mãe a acompanhou e as duas brigaram feio, ao final da consulta. Precisei, inclusive, intervir, educadamente, porque a coisa estava tomando contornos preocupantes. Antes de ir embora, Isabela virou-se para trás e disse, em voz baixa e em tom rancoroso: "Entendeu agora por que sempre venho sozinha?" O pai da criança sumiu no mundo, parece que foi embora do país e ninguém mais sabia dele. Pelo pouco que Isabela me contou da história, ela ainda tentou contatar a família dele, mas parece que mancomunaram para não dizer para onde ele havia ido.

Certa vez, a bolsa dela acabou tombando ligeiramente para frente, depois de ela ter deixado em cima de uma cadeira, para deitar-se na maca, a fim de que eu procedesse com o ultrassom. Acontece que estava aberta e pude observar dentro dela um maço de cigarro e aquilo logo me angustiou. Como médico, eu tinha o dever de adverti-la, e não podia deixar para outro dia. Foi o que fiz. Ao fim do exame, depois que ela havia terminado de pôr a camisa, delicadamente lhe disse: "Isabela, evite fumar durante a gravidez, porque isso vai fazer mal pro seu bebê". Ela me dava razão, na hora, mas continuava fumando. Flagrei o maço em sua bolsa, de outras vezes, e sempre a advertia, às vezes de maneira um pouco severa. Ela, como sempre, se esquivava, dizia que iria parar, mas nunca parou. Resultado: O menino dela nasceu com um grave problema respiratório, precisou ficar entubado durante um mês, e quase morreu. Salvou-se por um triz, graças à competência da equipe médica que o acompanhou. Mesmo assim terá sequelas para o resto da vida. Não irá se livrar da doença respiratória, graças ao egoísmo e inconsequência da mãe. Não foi por falta de aviso. Sempre que Isabela o visitava, através do vidro que a separava da incubadora onde estava seu bebê, ela chorava copiosamente, a ponto de ficar vermelho e quase sufocar. Às vezes mal podia permanecer de pé. As pernas bambeavam de fraqueza, de tão abalada que nela ficava, ao olhar para o resultado catastrófico em seu bebê, que ela mesma havia causado, e sabia que poderia ter evitado. Uma vez, pouco antes de o bebê dela receber alta, me perguntou: "Doutor, o que eu faço agora pelo meu menino?" Ao que respondi: "Cuide dele com todo carinho e trate da doença que ele tem... porque, afinal, você a ocasionou. Te aconselho também a procurar um profissional terapeuta, para te ajudar a lidar com a culpa".

Assim como Isabela, praticamente 100% dos casos de gestantes que não se importam com a qualidade de suas gestações acabam fazendo com que seus bebês nasçam com sérios problemas de saúde, seja de ordem física ou psicológica.

▶ DECLARAÇÃO SOBRE CARÁTER E PERSONALIDADE
DO IRMÃO, O DOUTOR BERNARDO

IRMÃ, SÔNIA

"Be é uma das pessoas mais dóceis que eu conheço. Sempre foi uma criança tranquila e dócil. Sempre muito generoso, sempre disposto a ajudar todo mundo. Escolheu a medicina para salvar vidas, para ajudar vidas, para trazê-las ao mundo em segurança. Filho dedicado, irmão amoroso, médico muito competente. Sempre foi muito exigente consigo mesmo, lembro que na faculdade estudava noite e dia, passava madrugadas em claro, às vezes com meu pai, estudando e se aprimorando. A gente dizia: "Vai descansar, menino!", e ele respondia: "Agora não posso. Se eu descansar agora posso deixar algum paciente morrer, no futuro". Ele sempre foi essa pessoa, com muita consciência sobre a própria profissão, e muito comprometimento. O Be é uma esponja, desde criança. Absorve tudo que os outros sentem, ele tem uma intuição muito forte. Ele leva a medicina muito a sério. Ele não é um médico frio, como muitos que têm por aí. Trata as pacientes com humanidade, da mesma forma que trata a família. Ele dá o sangue pela profissão. Depois daquela noite terrível, ele nunca mais foi o mesmo. Por mais que tenhamos viajado, por mais que tenha passado o tempo... nunca mais foi o mesmo, e, sinceramente, não sei se algum dia voltará a ser. Algo se quebrou dentro dele. Sempre fomos próximos, mas, como nossa diferença de idade é grande, nossa relação, durante um bom tempo, foi mais maternal do que fraternal. Quando eu estava terminando a faculdade, ele era um menino de dez anos. Quando estava já no meu terceiro emprego, ele estava entrando para a faculdade. O Be sempre foi um menino meio solitário. Ele tem umas questões. Solitário, mas sempre doce, sempre muito comprometido com a família e com a profissão. Todos ficamos arrasados, depois daquela noite. A família toda ficou abalada. Tudo que eu queria era ver novamente o sorriso em seu rosto, e demorou até que isso acontecesse. Demorou muito. De todos os lados, vieram ingratidão, falta de lealdade e abandono. É nos piores momentos da vida que descobrimos quem são, de fato, os amigos, e quantos são. No caso do Be, pouquíssimos. É difícil as pessoas se manterem unidas na tempestade. Mais fácil na festa. No agradável é sempre muito fácil sorrir e dar tapinha nas costas e chamar de "Meu camarada". Mas, na dor, todo mundo pula fora. Raros os que permanecem.

Fomos à Europa, para espairecer. Be não queria, e a condição financeira da família não andava em sua melhor fase, mas mamãe insistiu tanto, que ele aceitou. Sempre fui a grande viajante da família, e, quando chegamos a Paris, eu já sabia como me virar e por onde andar. Be gostou, aproveitou muito essa viagem, mas eu sentia que estava sempre com um ar meio distante, sempre triste. Por mais que eu tentasse animá-lo, permanecia daquele jeito, e era compreensível. Aquilo partia meu coração, porque ele sempre foi um menino bom e não merecia passar por aquilo. Nem mesmo Veneza, com sua alegria e leveza serviram para animá-lo. Em Portugal, então, ele ficou numa nostalgia tão profunda que nem nos demoramos lá. Providenciei logo para que partíssemos. Na Alemanha ele se animou um pouco mais. Visitamos dois museus que ele sempre sonhou em conhecer, a casa de Beethoven, em Bonn, e a de Bach, em Leipzig.

Aparentemente, a tempestade passou. Mas agora que sobrevivemos, estamos avaliando os estragos. Só agora estamos conseguindo fazer um balanço de nossas vidas, vendo o que dá para recuperar e o que não dá. Uma coisa é certa: aquela noite ficará marcada para sempre na vida do meu irmão.

CAPÍTULO 6

FAMÍLIAS

      *U*m caso que marcou bastante minha carreira foi o de uma menina da instituição. Moça pobre, como todas as outras, vida difícil, família desestruturada, gravidez muito conturbada. Acompanhei desde o início a gestação e sabia que seria tudo muito problemático. Ela usava drogas, fumava e vivia brigando com o namorado, que era o pai da criança. Tentei explicar que, sempre que brigavam, uma descarga de adrenalina era automaticamente enviada ao bebê, isso não era nada bom. Era certo que nasceria uma criança nervosa, para dizer o mínimo. Ela não me dava ouvidos e continuava usando drogas, continuava brigando com o namorado. Começou a aparecer nas consultas toda machucada, com a cara arrebentada, de óculos escuros para disfarçar hematomas no rosto. Aquilo foi me dando uma revolta que, em determinado momento, avisei a ela que se aparecesse machucada, mais uma vez, eu denunciaria o companheiro dela à polícia. Mas, como ela era (inconscientemente) cúmplice de seu próprio violentador, parou de ir à instituição, o que fez com que minha mãe, consternada com o sumiço dela, fosse até a casa da menina para levá-la de volta a frequentar a ONG em que ela teria apoio e amparo médico até que seu filho nascesse. Ela voltou e minha mãe me deu uma bronca por ter ameaçado chamar a polícia. Disse que também se indignava com o caso, mas era melhor que a menina estivesse sob nossa supervisão pelo menos até o nascimento da criança. Não havia muito o que fazer por ela, além de um bom pré-natal. Nós a orientamos a denunciar o namorado, mas ela simplesmente se negava. Paramos de insistir, até que um dia aconteceu o pior. Era noite e o instituto já estava fechado. Algumas gestantes dormiam lá, por não ter para onde ir. Era um abrigo, com uma pequena estrutura de hospital. Estrutura essa conseguida graças aos incansáveis esforços de minha mãe, junto à arquidiocese e graças ao pároco local, que diria tudo.

Mamãe estava verificando se estava tudo certo, antes de ir embora, nesse dia, eu, por acaso, estava com ela. Geralmente eu ia embora mais cedo, quando fechavam as portas da ONG, mas naquela noite eu tinha tempo e resolvi ficar para ajudar minha mãe e levá-la para casa. Quando estávamos prestes a sair, escutamos gritos do lado de fora. "Dona Rosa, abre! Pelo amor de Deus! Doutor Bernardo!" Corremos até o portão e abrimos. Mamãe perdeu as forças nas pernas, com o que viu, e precisei apará-la, para que não caísse no chão. Estéfani, a menina grávida que mencionei há pouco, estava caída, com a barriga jorrando sangue e a mão por cima, empapada, tentando estancar. Senti minha visão rodar, mas não poderia me deixar abalar naquele momento. Não tinha esse direito, como médico. Padre Avelino havia saído da paróquia, assustado com os gritos. Naquele momento pedi a ele que cuidasse da minha mãe, enquanto eu tentava salvar a menina.

Eu a pus em uma cama, e improvisei um torniquete, pedi ajuda a algumas pessoas, para que me auxiliassem naquela emergência. Já haviam chamado a ambulância. Depois dos primeiros socorros, já não havia muito que eu pudesse fazer. Precisaria realizar uma cesariana de emergência. Ela estava já perto dos nove meses de gravidez. Mas não foi possível. Precisávamos esperar pelo socorro, até que ela fosse levada a um hospital, para, então, operar e tentar salvar o bebê. Minha mãe quis ir junto, mas não permiti. Ela ficou sob os cuidados do padre, até que eu voltasse. Fui com a menina, dentro da ambulância, até o hospital onde eu trabalhava. Os sinais vitais dela estavam em colapso, por muito pouco não a perdemos. Mas o bebê morreu. Ela estava inconsciente, quando o retiramos de seu ventre. Quando acordou e soube da notícia, entrou em choque. Começou a gritar. Precisamos sedá-la. Quando acordou, já mais calma, aí então pudemos deixar o corpo do menino em seus braços, para que ela pudesse se despedir.

Quando o corpinho foi levado é que finalmente pudemos compreender o que havia acontecido, embora eu já soubesse, só de olhar a ferida que ela tinha na barriga.

O namorado a espancou, ela ameaçou terminar com ele e ir para a casa da mãe dela. Ele a esfaqueou pelo menos sete vezes, tentando atingi-la na barriga, sempre. Ela protegeu o bebê até onde pôde, mas uma das facadas acabou pegando em cheio. Não foi nem tanto pelo ferimento da faca que a criança morreu, mas pelo trauma.

Deixei avisado que no dia seguinte não iria trabalhar. Não estava em condições emocionais, nem psicológicas para isso. Mamãe passou três dias à base de remédio, para se acalmar. A pressão dela estava absurdamente alta, e nem com remédio baixava.

O pai da criança foi preso, mas logo foi solto, por ser réu primário e menor de idade. Uns dois meses depois dessa tragédia, Estéfani apareceu no instituto, pedindo para falar com minha mãe. Agradeceu a ela por tudo, e pediu que me agradecesse também. Em seguida disse que vingaria a morte do filho. Minha mãe tentou dissuadi-la, dizendo para que deixasse aquilo para a justiça de Deus, que ela era muito jovem e ainda poderia ter outro filho, mas nada adiantou. Dias depois vimos no noticiário que ela matou o namorado a facadas. A primeira delas foi de surpresa, pelas costas e as outras já foram mais fáceis de serem aplicadas, porque ele já estava caído. O corpo do rapaz estava irreconhecível, porque, mesmo depois de morto, ela seguia esfaqueando. Ela precisou ser retirada por vizinhos. Chegamos a pedir ao Roberto que assumisse o caso, para ajudá-la, mas ele disse que não faria diferença. Além de o rapaz já estar solto logo, ela o esfaqueara pelas costas, e na frente de um monte de gente, inclusive de pessoas da família dele.

Nossa família, há alguns anos, vem passando por uma fase muito complicada, em muitos sentidos. Mas parece que estamos finalmente saindo da tormenta, de uns anos para cá. Algum tempo depois do falecimento de vovó Jandira, foi a vez de tio Mauro partir. Nosso querido Papai Noel, que, por tantos natais, alegrou nossas vidas, com seu bom humor e ludicidade. Encerrou sua participação no grande palco da vida e embarcou na última grande viagem.

Marta caiu doente, o que fez com que mamãe também ficasse mal. Nossa situação financeira estava ruim. Tivemos que nos desfazer de parte do patrimônio da família, para pagar dívidas. Eu ainda estava sendo vítima da grande tormenta que se abateu sobre mim, naquela noite que dividiu minha vida em duas partes.

Felizmente agora as coisas estão melhores e a bonança se anuncia, no horizonte. Roberto, mais do que nunca, prospera em seu escritório. Marisa está indo também muito bem no trabalho, Cecília cada vez mais cotada por estúdios e emissoras. Sônia voltou a fazer o que mais ama na vida, que é viajar, e Marta acaba de dar à luz seu quarto filho, para alegria geral da família. Minha esposa e minha mãe estão se dando bem. As primas Ana e Sônia voltaram às boas e já planejam viajar juntas. Enzo (filho de Cecília) é uma criança feliz e está crescendo com saúde. Mamãe começa agora a adentrar a velhice e resolve voltar a trabalhar naquilo que mais gosta de fazer e que sempre deu sentido à sua vida: serviço social. Conversou com o padre de sua paróquia e resolveram reabrir o antigo instituto de acolhimento a jovens mães gestantes em situação de risco e vulnerabilidade. Tomei para mim a incumbência de levá-la todas as manhãs. Era caminho para o meu trabalho. Eu, então, aproveitava para ter aquele convívio de alguns minutos e conversar com a minha mãe. Ela parecia ter revigorado, desde que voltou a atender as meninas. Consequentemente voltei a trabalhar no instituto, o que me deixou completamente sem tempo, durante a semana.

▶ ACUSADA

PAULA SOUZA DE ALBUQUERQUE

"Bernardo fez a solicitação da sala de cirurgia, conforme o protocolo. Sim, eu estava lá e acompanhei o procedimento o tempo todo. Éramos plantonistas naquela noite. Carla havia sido internada na terça, já em princípio de trabalho de parto. Outros colegas a examinaram depois de mim, e na quinta ela entrou em trabalho de parto franco. Nos dias anteriores, não foi indicada a cesariana. O pré-natal dela era normal e não apresentava nenhuma doença.

Naquela noite Bernardo estava bem. Conversamos algumas vezes sobre as pacientes. Coisas técnicas: progressão de cada uma, ausculta, etc. Sempre nos demos muito bem e já nos conhecíamos há muitos anos. Fomos colegas de faculdade. Sinto que naquela noite aconteceu alguma coisa. A carga de estresse era muito grande. Algo fora do comum estava ocorrendo e a comunicação entre ele e mim ficou prejudicada. Senti que houve uma mudança de comportamento, ele foi ficando mais e mais transtornado, subia e descia de andar.

Estive poucas vezes com a Carla. Com certeza, menos vezes do que o Bernardo esteve com ela. Mas isso não quer dizer que ela não teve acompanhamento adequado, ou que tenha havido um hiato entre meu exame e o exame do Bernardo. Há muitos profissionais da saúde, atendendo as pacientes, o tempo todo. O acompanhamento em uma gestante em trabalho de parto, ou prestes a entrar no trabalho, é feito a cada meia hora ou a cada uma hora, dependendo do caso e do volume de trabalho do hospital. Medicina não é uma ciência exata. Muita coisa pode ter acontecido. Muita coisa que não tivemos ciência, ainda naquela noite. Eu trabalho na emergência e só tenho contato com o que é apresentado pela paciente. Carla fez o pré-natal com outra médica.

Depois daquela noite, senti que Bernardo havia mudado. É compreensível. Eu mudei também. Foi um impacto imenso em nossas vidas, em nossas carreiras. Passado algum tempo, tentei me reaproximar, mas senti que ele ainda estava um pouco diferente do habitual. Não, eu não sei precisar o que, exatamente. Simplesmente senti que ele estava diferente. Geralmente simpático e comunicativo, agora mais reservado e mais introspectivo. Respeitei e me afastei, para dar o espaço que ele precisava. Somos ainda colegas de trabalho e eu o respeito muito. Eu o considero um excelente profissional e compreendo que tenha sido muito afetado pelos acontecimentos daquela noite. Não sei se, em algum momento, nos reaproximaremos e tudo voltará a ser como antes. Espero que sim, pois gosto bastante dele. Conheço a família dele, esposa e filhos. Ele conhece a minha, sempre fomos muito próximos, até aquela data. Dali em diante, muita coisa mudou e parece que essa nuvem que paira sobre nossas cabeças não vai embora nunca. Mas o tempo dá conta de tudo.

Bernardo sempre foi uma pessoa de soluções. Ele é conhecido por pensar em soluções, e sempre era solicitado quando estava acontecendo algum problema no hospital, mesmo que não fosse em sua ala. Sempre foi um excelente colega de trabalho, um excelente profissional e um ótimo apaziguador. Sempre foi bom em "apagar incêndios". Lembro bem uma vez que houve um desentendimento feio entre um médico e algumas enfermeiras. O caso quase foi parar na auditoria do hospital, mas Bernardo resolveu tudo, depois de muita conversa. Ele nem tinha nada a ver com a história, mas sempre teve esse dom de pacificador. Ele é muito querido por todos nós do hospital. Também fiquei muito abalada com tudo que ocorreu naquela noite, e houve repercussão na minha vida também, tanto é que estou aqui esclarecendo os fatos.

Vai demorar a passar. Foi um trauma grande e vai demorar a voltar tudo ao normal. Isso mexeu com a vida do Bernardo, com a minha vida, com a imagem e andamento do próprio hospital."

CAPÍTULO 7

MEU PAI

*Q*ue falta você faz em minha vida, doutor Alberto... não para me aconselhar, nem dar dicas médicas... minha profissão eu aprendi e a melhorei com maestria, graças a você. A saudade que sinto é do pai, do amigo, do braço forte que sempre estava ali para amparar, fosse no que fosse. Era algo paradoxal. Papai era um homem ocupado e esteve ausente, fisicamente, muitas vezes. Já narrei aqui que, por diversas vezes, fomos privados de sua presença em plena noite de Natal, por causa de alguma emergência médica. Bebês não esperam para nascer. Papai sempre foi um médico muito conscencioso, e fazia questão de cumprir da maneira mais digna o Juramento de Hipócrates. No entanto, por mais ausente que fosse, sabíamos que poderíamos contar com ele para qualquer coisa. A presença dele, a voz dele, a simples memória de sua pessoa já era transformadora em nossas vidas. Nos momentos em que estava em casa, se doava por inteiro, da mesma forma que se entregava no trabalho, fielmente, quando estava no hospital. Em casa, conosco, embora fosse um homem rígido, das antigas, sabia também ser amoroso, e era atencioso com as crianças, com a esposa, com os parentes. Como diz a canção "Naquela mesa está faltando ele..." Sempre estará faltando. Naquela mesa, naquela casa, nas nossas vidas.

Foi uma grande vitória em minha vida profissional passar naquele concurso. A família toda ficou preocupada, porque eu trabalharia em um hospital que atende os piores casos, com fama de não ter uma boa estrutura, de não ser bem assistido pelo Estado. Mas eu estava radiante de felicidade assim mesmo, porque eram justamente as dificuldades que fariam de mim um bom médico. Durante anos precisei atender em funções que não eram minha especialidade, por falta de médicos, no quadro efetivo. Pior era quando faltava material. Improvisar, quando se trata da saúde, é muito difícil, às vezes impossível.

Chegava gente baleada, esfaqueada, com orelha pendurada, dedo decepado, rosto arrebentado, etc. Na falta de cirurgiões, eu precisava agir, até que o paciente fosse transferido para algum hospital com estrutura melhor. Muitas vezes morriam, nos corredores, o que me deixava desolado.

O corporativismo existe, na medicina, e sempre fui contra. Pago um preço por isso. Sempre que se vai contra um grupo, a conta chega. Uma coisa é união de classe, e outra é o grupo se fechar de tal maneira a defender incondicionalmente qualquer coisa que faça seu par. Mesmo que seja uma coisa errada. Muitas vezes um médico plantonista ia ao hospital apenas para assinar o ponto e ia embora vinte minutos depois. Ficava lá, conversando com alguém, tomava um café e ia embora. Pedia para algum colega ligar para ele, caso fosse requisitado. Nunca defendi, nem me calei diante desse comportamento, infelizmente muito comum. Ao longo desses anos de carreira, denunciei esquema de corrupção, envolvendo compra de remédios e material hospitalar, em geral. Ainda sim consegui fazer a política da boa vizinhança e manter uma boa relação com meus pares. Claro que sempre há aqueles que não simpatizaram e não simpatizarão comigo. É normal em qualquer ambiente de trabalho. Não dá para agradar a todos. Mas, de uma forma geral, procuro sempre agregar e ser solícito com todos. Só não compactuo com corrupção. Médico que assina ponto e vai para casa eu denuncio. Tento antes conversar, para saber o que está acontecendo, sempre tenho esse cuidado. Não sou perfeito, cometo muitos erros, e não me importo de ser punido por eles, mas não me peçam para ficar calado diante de coisas erradas que estão bem diante de meus olhos. Negligência é algo que não suporto. É o tipo de erro que é cometido por desleixo ou preguiça e pode acarretar na perda de uma vida. Não posso ser nunca conivente com isso.

Claro que por eu ser justo, por não compactuar com ilegalidades, nem os "jeitinhos", paguei um preço alto por isso. Não tive apoio algum dos colegas, depois daquela noite. Fui abandonado pelo hospital no momento em que mais precisei de apoio, na minha vida. Felizmente tive total apoio da minha família, principalmente de Roberto, que foi para mim como um irmão. Trabalhou na minha defesa incansavelmente. Sem ele jamais teria me reerguido. Foi o apoio técnico que eu precisei. Os demais foram meu apoio emocional, também necessário e muito importante. Em momentos que parecia que eu iria sucumbir, lá estavam minhas irmãs, minha mãe, minha sobrinha, minha esposa, meus filhos, meus tios, meus primos.

▶ QUARTA TESTEMUNHA

CECÍLIA

SOBRINHA DO DOUTOR BERNARDO
SOBRE CARÁTER E PERSONALIDADE

"Tio Bernardo sempre foi um doce de pessoa. Comigo e com todo mundo da família. Foi um dos meus grandes incentivadores, em minha carreira. Ele e vovô Alberto. Fiquei muito abalada com aquela história toda... ele não merecia isso. Não é justo. Ele é um médico maravilhoso, extremamente dedicado à vida, sempre muito consciente. Fiquei triste vendo-o definhar, dia após dia. Isso que fizeram com ele foi muita maldade. Isso não se faz. Sempre que me encontrava com ele, estava abatido. Com olheiras fundas e sempre muito cansado.

Tio Bernardo foi decisivo na minha decisão de me tornar atriz. Esteve ao meu lado o tempo todo, enquanto meus pais relutavam.

Quando tudo aquilo aconteceu naquela noite, nem investigaram em todos os detalhes. Ele ficou sozinho, não teve uma pessoa do hospital de quem ele teve apoio. Era meu pai e ele, passando noites e mais noites em claro, elaborando a defesa. Vovó Rosa ficou muito abalada com tudo isso, e graças a Deus vovô Alberto não estava mais aqui, para presenciar um desgosto desse. Apesar de que seria tão bom se ele estivesse, quando tudo isso aconteceu, porque assim tio Bernardo teria seu maior aliado, ajudando-o a enfrentar o pior momento de sua vida.

Sou uma privilegiada pela família que tenho. Sempre fomos muito unidos, e espero que isso nunca mude. Problemas toda família tem, é claro. Mas sempre foi uma alegria ser parte desse clã.

Eu, que sou da mídia, trabalho na mídia, apareço nas telas o tempo todo, presenciei o lado cruel, os ataques dos repórteres, a devassa que estavam fazendo na vida do meu tio, e acabou respingando em mim, por eu ser uma figura pública. Uma total falta de sensibilidade, uma coisa massacrante.

Gosto de todos eles, claro, mas tia Sônia sempre foi mais fechadona, mais na dela, e tia Marta um pouco menos introspectiva, mas também nunca fomos muito próximas. Mamãe sempre foi muito presente, mas temos questões de pontos de vista diferentes. Sou mais chegada ao meu pai, mas ele também sempre foi muito ocupado, e não pude aproveitá-lo muito, em minha infância. A pessoa que mais ficava comigo era tio Bernardo. Ele brincava comigo por horas, me colocava no pescoço quando eu era muito pequena, sempre me trazia doces, me levava para passear, e sempre fez questão de manter contato comigo, mesmo depois de eu já ser adulta. Me preocupo com ele. É uma pessoa sensível, e nem sempre consegue lidar com o peso de ser médico. Ele sempre foi participativo em minha vida, acompanha minha carreira desde o início. No meu tempo de teatro, ele ia assistir a todas as minhas peças. É uma pessoa muito importante, para mim, e acho que suas irmãs, incluindo minha mãe, deveriam valorizá-lo mais.

Não digo que não devessem ter investigado o que ocorreu naquela noite, nem que não era para ter tido uma apuração. Claro que tudo isso era necessário. Mas o modo como foi feito... a maneira como procederam foi muito violenta. Sem necessidade nenhuma de ter sido assim. Mas já passou. Não totalmente. Tio Bernardo ainda está abalado com tudo aquilo, mas já está superando. Espero que ele seja sempre muito feliz, porque merece. É uma pessoa de um coração enorme."

CAPÍTULO 8

HUMANIDADE

Hospital não é um lugar de alegria. Pelo contrário. É um lugar de muita tristeza, porque é um lugar de sofrimento e morte. Com exceção da maternidade, a ala da vida. É onde eu trabalho. Trabalho ajudando a receber vidas, ajudando que cheguem bem a esse mundo tão selvagem. Mas isso não me isenta da carga de dor e sofrimento, naquela atmosfera, porque ao mesmo tempo que uma vida nasce no andar onde eu trabalho, umas tantas outras morrem, em outros andares. É triste deparar-se com enfermeiros levando um cadáver em uma maca, coberto por um lençol. É triste ver famílias ansiando por notícias animadoras e ter que dar notícias funestas. É triste quando um bebê morre ou nasce morto. A morte e a tristeza também chegam à minha especialidade, embora com muito menos frequência.

É normal, da nossa profissão, naturalizar a morte, como parte da vida. Isso não quer dizer que devamos nos tornar pessoas insensíveis. Não devemos banalizar a vida, com a desculpa esfarrapada "É assim mesmo... todo mundo morre". Não importa quantos anos de carreira tenhamos, devemos nos esforçar como em nosso primeiro dia de trabalho, para salvar uma vida, para amenizar dores, para evitar sofrimento, ou para estar junto a um ser humano, em seu momento de maior dor. Infelizmente muitos de meus colegas ficam desgostosos, com o passar do tempo, cansados, abatidos; e acabam se tornando médicos medíocres, ou simplesmente cansados de ver tanta miséria humana. Com isso perdem o gosto pela assistência à vida. É triste de ver. Não sou perfeito, mas, desde comecei a sentir que poderia começar a banalizar minha profissão, comecei a me policiar, para manter o vigor, a garra, a presença e o gosto por salvar vidas, por atender pessoas, por lidar com seres humanos em sofrimento.

Poucas coisas na vida são tão tristes quanto uma pessoa idosa abandonada, em seus últimos momentos de vida. Muitas vezes presenciei cenas como essa. Não, eu não lido apenas com bebês e mulheres gestantes. Sou médico, meu dever é com a vida, e não somente com as pessoas que estão dentro da demanda da minha especialidade. Não vivo em uma bolha. Eu participo da vida institucional dos lugares onde trabalho. Busco sempre estar inteirado de tudo, principalmente no tempo em que fui diretor de um hospital no Humaitá.

"Humanidade" é uma palavra de ordem, na minha vida. Nesse mundo selvagem é muito fácil perdê-la, ainda mais quando se trabalha com vidas o tempo todo. Muitas coisas contribuem para a perda de humanidade do médico. Começa às vezes com uma simples falta de empatia e evolui para a total frieza, a ponto de tratar as pessoas com desdém. Com o passar do tempo a banalização da vida torna-se uma tentação, na qual não devemos cair. Mas caímos, se não estivermos atentos. Depois de quinze, vinte anos de carreira, o pensamento que vem, quando se está com um paciente à sua frente é "Mais um...". Pessoas vão se transformando em números e estorvos. Não podemos deixar que isso aconteça. Não podemos nos esquecer de que somos tão frágeis e vulneráveis quanto aqueles de quem cuidamos. Não podemos perder de vista que, em algum momento, nós é que vamos precisar de cuidados. A velhice chega para todos. A morte chega para todos. É fundamental não perder isso de vista.

Trabalhar em um hospital é estar no fervo do ciclo da vida. É ter a alegria de segurar nos braços de um bebê e puxá-lo para fora da mãe, mas é também aprender que a vida termina. É ter que lembrar constantemente que temos apenas um punhado de anos e que ao final deles literalmente retornamos à terra. É um privilégio assistir vida e morte, lado a lado, porque as duas são uma só. É ser testemunha do maior mistério do universo, e participar de tudo isso. É algo grandioso, pelo qual sou imensamente grato.

CAPÍTULO 9

MINHA VEZ

No dia da primeira audiência, eu estava incrivelmente calmo. Minha esposa e meus filhos estavam mais nervosos do que eu. Acordei bem cedo. A mesa do café estava posta. Dejejuei com calma. Quis assistir às notícias, mas a televisão estava proibida, lá em casa, até que "a poeira baixasse". Minha mulher queria evitar que algum de nossos filhos se deparasse com alguma notícia sobre mim, o que não seria difícil de acontecer, já que, pelo menos, três emissoras estavam cobrindo o caso. Eu discordava daquela proibição, porque quem não tem nada a temer não tem nada a esconder. Mas, depois, parando para pensar melhor, vi que minha esposa tinha razão. Poderia ser muito traumatizante para os meninos.

Estava muito confiante que daria tudo certo, e deu mesmo. Mas não no tempo em que achei que daria. Demorou mais. Muito mais. Foi no tempo da vida. Foi no tempo de Deus. Antes do tempo de mansidão, do qual apenas agora começo a poder respirar seus ares, houve muita treva e tormenta. Não sei se saí inteiro dessa tempestade. Mas saí com dignidade. Isso posso afirmar, com toda certeza.

Quando Roberto chegou, eu estava terminando de tomar café. Ele parecia bem disposto e certo da vitória. Mas sabíamos que aquela era apenas uma batalha. A guerra contra a injustiça e todo o estigma que recaiu sobre mim estava longe de terminar.

— Você sabe que hoje vai ser um dia de emoção, né? - Disse ele, sorrindo.

— Como assim?

— Eles vão estar lá, Bernardo. São pessoas que te odeiam, e vão estar lá, e vão fazer de tudo para te prejudicar.

— Tá certo, mas quem vai decidir isso é a justiça, não essas pessoas.

— Mais ou menos. O que decide um caso são muitos fatores. O poder de persuasão de um dos lados é um deles. O nível de parcialidade do juiz é outro.

— Pensei que juízes fossem imparciais.

— Pensou errado. Esse seria o ideal, a ser alcançado, mas não existe ser humano cem por cento imparcial. Isso é um mito do direito.

— Marisa está bem?

— Sim, está no trabalho e te desejou boa sorte. Disse que mais tarde vem pra cá.

— Então, vamos?

Mamãe ficou na casa dela, rezando por mim. Queria ir conosco, mas me opus fortemente à ideia. Não queria arriscar dela se emocionar demais e passar mal. Prometi que ficaria tudo bem, mesmo sem ter muita certeza disso. Ela cedeu, a muito custo, e disse que ficaria em casa, intercedendo por mim, junto a Deus.

Roberto ligou o rádio do carro em alguma estação de música. Não disse nada, mas sei que queria evitar sintonizar em uma estação de notícia, e eu acabar escutando algo sobre meu caso. Não teria problema com isso, porque eu realmente estava tranquilo. Mas nada disse. Deixei que sintonizasse na estação de música e aproveitei o entretenimento, durante o trajeto de meia hora até o fórum. Tocou *"Have you ever seen the rain"*, da banda *"Credence clean water"*, com Jhon Fogerty. Bem sugestivo para aquele momento da minha vida. A letra diz *"Someone told a long ago 'There is calm before the storm', I know. It's been coming for sometime"*. Eu estava de óculos escuros e acho que disfarcei bem as lágrimas, principalmente quando elas vieram com mais força, no refrão. *"I wanna know... have you ever seen the rain... coming down in a sunny day"*.

Eu me segurei bem, até chegar lá, e provavelmente teria mantido a pose, se, ao chegar, não tivesse me deparado com uma surpresa: Marisa, Marta, Cecília, Sônia e mamãe estavam lá me esperando. Não pude com tanta emoção e desabei num grande abraço coletivo. Pensei que tivesse sido combinado com Roberto, mas ele também não sabia que estariam lá. Naquele instante aprendi mais uma lição da vida: a importância da família. Não que eu já não soubesse, mas aquele momento confirmou. Mamãe estava bem. Melhor do que imaginei que estivesse, em uma situação como aquela. Estava bem bonita, apresentável, em uma atitude austera. Acho que subestimei a força dela. Marisa era a que estava mais emocionada. Cecília estava muito confiante de que tudo ficaria bem, e me abraçou, sorrindo, e disse que saindo dali iria a um café comigo, para botar o papo em dia. "Está precisando espairecer, doutor Bernardo! Você anda muito estressado", disse ela, tentando segurar as lágrimas. Fazia muito tempo que não nos reuníamos com todos os filhos. Impressionante como a dor e a adversidade são capazes de unir uma família. Às vezes só mesmo o sofrimento é capaz de proporcionar essa união.

Juntaram-se ao nosso grupo Jorge (marido de Marta), Tadeu (marido de Sônia) e Bruno (namorado de Cecília). Eu me dava bem com todos eles, e me senti muito honrado que estivessem todos lá. Sabia que todo mundo ali era muito ocupado, mas, ainda assim, fizeram questão de estar presentes.

Nós sentamos em umas poltronas e cadeiras que havia em uma sala de espera, quando chegou o outro grupo. Daqueles que me odeiam. Nesse momento voltei a me sentir mal, porque jamais desejei, para minha vida, atrair o ódio de ninguém, muito menos de uma paciente. Minha família, por sua vez, estava com raiva deles, por entenderem que meu sofrimento estava sendo ocasionado por um movimento gerado por eles. Pedi que não alimentassem esse sentimento de raiva, que não valia a pena. Que era muito melhor buscar o perdão, fosse de qual lado fosse, ou mesmo dos dois lados. Nessa história toda, talvez algumas das pessoas do outro lado não merecessem meu perdão, mas eu os perdoo a todos, assim mesmo. Talvez não mereçam, mas eu mereço ter paz. Eu os perdoo e espero que também me perdoem. Espero sinceramente que se libertem dessa mágoa, e que possamos viver nossas vidas de maneira mais leve.

Tudo que eu desejava era uma reconciliação amigável, e Roberto também. Estava na expectativa de que conseguíssemos isso logo. Mas eu estava muito enganado. Roberto, por força do ofício, não foi tão ingênuo como eu e sabia que tudo aquilo estava apenas começando. Que aquela seria a primeira, de muitas audiências, e que a palavra "amigável" passaria longe, naquela guerra em que um dos lados queria que se prolongasse até minha total destruição.

▶ QUINTA TESTEMUNHA

MARTA

IRMÃ DO DOUTOR BERNARDO
SOBRE SEU CARÁTER E PERSONALIDADE

"Bernardo sempre foi muito próximo da Marisa. Ele e eu tivemos que construir nossa irmandade, foi todo um processo. Sou a mais próxima dele, em idade. Cinco anos mais velha. Quando ele nasceu, Marisa e Sônia tinham muito mais paciência com o novo bebê da família, do que eu. Gosto muito do meu irmão, mas não temos muita afinidade, só isso. Claro que em um momento de tanta dificuldade, como o que ele viveu e ainda está vivendo, a gente chega junto, porque é família, né?

Quando criança a gente brigava muito, e quase sempre Marisa que apaziguava as coisas. Às vezes Sônia tomava para si esse papel, mas era mais raro. Na adolescência, as brigas cessaram, mas também nos afastamos. Não por falta de amor ou fraternidade, mas, como disse antes, por falta de afinidade.

Acho que naquela noite, com tudo que aconteceu, Bernardo deveria ter sido mais atencioso. Que mamãe não me ouça dizendo isso. Nem Marisa, e muito menos Cecília. Elas me matariam. Mas veja bem, não estou, de forma alguma, dizendo que a culpa tenha sido dele. Não foi. E o que fizeram com esse menino foi uma injustiça. Só digo que se ele estivesse um pouquinho mais atento, poderia ter evitado tudo isso. Mas o importante é que já está passando. Na verdade, já passou, se olharmos bem. Agora ficam só as pessoas de fuxico, com a vida alheia, mas isso é normal em qualquer profissão e lugar. O problema é que o caso se arrastou por quase uma década. Isso deixou Bernardo desnorteado. Minado, por dentro. Mamãe, então, nem se fala. A saúde dela piorou muito depois do caso Carla Barreto. Da noite para o dia, a imprensa começou a nos abordar na porta de nossas casas, nossos rostos estavam nos principais noticiários do país. Os primeiros anos foram os mais difíceis. Depois acabamos nos adaptando à situação e aprendemos a driblar a inconveniência da mídia e a maldade dos tabloides da imprensa."

É ESTRANHO. PARANDO PARA relembrar tudo que houve naquela fatídica noite, a sensação que tenho é que tudo não passou de um pesadelo. Como se de fato eu não tivesse vivenciado tudo aqui, mas assistido a mim mesmo vivenciando. Gostaria de ter na memória mais detalhes do que aconteceu naquela noite. Mas pensando bem, talvez seja melhor assim. Talvez seja melhor esquecer e deixar a vida seguir. Não há nada que eu queria mais do que seguir com a minha vida. Queremos todos. Foi praticamente uma década de exaustão, para mim e para toda minha família. Deus sabe o quanto Roberto deu o sangue por esse caso, para provar minha inocência.

Ao mesmo tempo que alguns detalhes se apagaram da minha lembrança, alguns outros permanecem muito vívidos do que aconteceu naquela noite. O estacionamento estava vazio quase que por completo. Estacionei e subi a rampa que leva ao elevador. Outras duas pessoas subiram comigo, do subsolo ao segundo andar do hospital. Uma gestora de material hospitalar e um médico oncologista que eu conhecia de vista. Nós nos cumprimentamos e cada qual ficou em um piso diferente. A gestora, no primeiro e o oncologista, no terceiro. Assim que desci me dirigi à sala dos médicos (cada andar tem uma). Cumprimentei alguns colegas e vesti o jaleco. Tomei um café e fui para a minha sala. Olhei pela janela e vi o céu cor de chumbo, já era noite. Já escutava os primeiros relâmpagos. Nuvens pesadas, prestes a desaguar. Nisso a Aline bateu à porta e pediu licença.

— Pode entrar.

— Boa noite, doutor Bernardo. Tem uma paciente internada desde anteontem e vai dar à luz daqui a pouco.

— Sim, já estou indo para a sala de parto.

— A doutora Paula já está com ela, esperando pelo senhor.

— Estou indo agora.

Eu já sabia quem era Carla Barreto. Não era minha paciente, mas como a vi algumas vezes em consulta, no hospital, busquei me informar sobre o histórico dela. Nada demais. Gravidez normal, pré-natal bem feito, todos os exames davam bons sinais.

Quando entrei na sala de parto, ela estava na cama e Paula conversava com ela. Eu me aproximei, abracei minha colega e olhei para Carla. Sorri e ela sorriu de volta. Senti que estava um pouco tensa e tratei de acamá-la.

— Então... hoje é o grande dia?

— Pois é, doutor.

— Me chamo Bernardo e vou fazer seu parto. Como você está se sentindo?

— Estou bem. Um pouco nervosa, mas bem.

— Que bom. Vamos trazer esse menino ao mundo, então. Falta um pouquinho, ainda, tá? Vou atender outras pacientes e já volto. Vai ter sempre alguém aqui com você.

— Está bem, doutor, obrigada.

Já tinha visto mulheres muito mais nervosas do que ela, no momento de parir. Mas Carla não era mãe de primeira viagem, ela tinha já um filho de seis anos, que nasceu de parto normal. Por isso estava relativamente tranquila, apesar de dizer que se encontrava um pouco nervosa. Na verdade só a pressão dela que estava um pouco alta, e isso talvez desse a ela a impressão de estar nervosa, mas não era nada alarmante.

Fui aos outros quartos, visitar as outras pacientes, para saber como estavam e monitorar seus sinais. Rotina de médico plantonista. Paula estava na sala de parto normal e ficou ao lado de Carla, quando saí de lá. A chuva desabou. Tive um pressentimento ruim. Senti uma angústia no peito. Mas como havia muito trabalho a fazer, não dei atenção e segui com as visitas. Havia ainda algumas horas até o parto da Carla.

▶ SEXTA TESTEMUNHA

MARISA

IRMÃ DO DOUTOR BERNARDO
SOBRE SEU CARÁTER E PERSONALIDADE.

"Desculpe estar emocionada. É que isso mexe muito comigo. Bernardo sempre foi meu menino, meu protegido, meu irmãozinho caçula. Eu comprava qualquer briga por ele, e quando, de repente, veio aquela avalanche para cima da gente, eu me senti impotente. Pela primeira vez, na vida, não poderia proteger meu irmão de tudo aquilo. Quando Sônia brigava com ela, eu o defendia; quando Marta brigava com ele, eu o defendia. Marta sempre foi muito implicante, pincipalmente com o Be. Até mesmo, quando papai brigava com ele, eu o defendia. Ele sempre foi um menino carinhoso e meio solitário. Talvez por ser o único filho homem, talvez por ser o caçula, não sei. Acho que é um pouco da natureza dele mesmo esse jeito meio fechadão, introspectivo. Fosse como fosse, ele não merecia ter passado por aquilo. Mas a vida prega peças perigosas na gente, às vezes. Peças cruéis. Nossa... como me doeu vê-lo entrar em uma viatura, indo para uma delegacia, prestar depoimento. Graças a Deus não o algemaram, era só o que faltava! Mamãe ficou arrasada. Adoeceu e pensamos que ela não fosse durar muito. Mas a vida nos trouxe de volta. Conseguimos sair da beira do abismo."

Bernardo é o melhor tio do mundo. Ele acompanhou minha gravidez com tanto afinco que chegava a ser paranoico. Não queria que eu fizesse nada. Não podia levantar uma caixa, carregar uma bolsa de compras que ele brigava comigo. Eu achava bonitinho ele cuidar de mim, apesar de me sufocar, às vezes, dizia: 'Gravidez não é doença, filho! Para com isso, afrouxa um pouquinho esse controle!' Lembro até hoje da felicidade dele quando Cecília nasceu. Ele se emocionou ao segurá-la nos baços e esteve sempre ao lado dela. Foi um de seus maiores incentivadores, na vida e na carreira. São como unha e carne. Vivem juntos. Agora um pouco menos, porque a vida consome a gente. Be tem família, Cecília é muito ocupada no trabalho e ainda tem que cuidar de uma criança. Mas, sempre que podem, estão juntos.

Nossa família é muito unida e eu tenho um marido maravilhoso, que é como um irmão para o Be. Roberto abraçou a causa e se entregou de corpo e alma, para salvar o meu irmão.

Nossa família sempre teve uma boa condição financeira, porque meu pai construiu bases muito sólidas para todos nós. Mas quando acontece algo como o que aconteceu ao meu irmão, não tem dinheiro que compre nossa paz. Não tem dinheiro que compre tranquilidade. Não tem dinheiro que afaste aquele monte de urubus com câmeras e microfones à porta de nossas casas, querendo ganhar dinheiro às custas de uma narrativa sensacionalista sobre um incidente na vida do meu irmão. Só quem passa por isso sabe o quanto é ruim ter o rosto estampado nas manchetes, sendo julgado pela sociedade, sem ter sequer a chance de se defender, de contar sua versão dos fatos. Creio que a união de nossa família e a fé da minha mãe ajudaram muito a tirar o Be daquele poço que parecia sem fundo."

SE ALGUÉM ME DISSESSE que alguma coisa seria capaz de mudar o passado, até um determinado momento da vida, eu não acreditaria. Mas senti na pele e pude comprovar que sim, o passado pode ser modificado, quando atravessamos a fronteira do antes e do depois. Não sabemos onde ela se encontra. Apenas nos damos conta quando estamos do outro lado e já é tarde demais. Tudo que fui e fiz, antes daquela noite, não importou a ninguém. Era como se todo meu passado tivesse sido ressignificado para pior, e tudo que eu havia feito de relevante, como médico, tivesse sido jogado na lata do lixo, da noite para dia. O passado muda, quando atravessamos essa fronteira invisível. Não pelos fatos, mas pela maneira como as pessoas passam a ver toda sua história de vida. Meu passado não era mais o do médico respeitável, que contribuiu para o bem e o progresso da humanidade, conforme jurei fazê-lo, em minha formatura. Não. Agora eu era o pária. Aquele que estava sendo julgado. Naquela noite, sem nem me dar conta, eu atravessei a fronteira macabra do antes e do depois.

CAPÍTULO 10

2012
INÍCIO DO CALVÁRIO

PRIMEIRO ANO COMO RÉU

Em 2012, fui convidado por uma grande emissora de tv a gravar um vídeo que seria âncora de uma campanha por parto humanizado. Fiquei muito contente, com o convite, e contei para toda minha família. Eu achava que aquilo era um sinal de que o pesadelo finalmente estava no fim, quando, na verdade, estava apenas começando. Cheguei a receber o roteiro da minha fala, do que seria o primeiro de uma série de vídeos em que eu estaria presente como médico referência na obstetrícia, um fiel zelador do parto humanizado. O cachê dos vídeos foi acertado e os dias de gravação dos dois primeiros vídeos já estavam marcados. Tudo estava indo às mil maravilhas e eu cheguei a gravar o primeiro. Foi uma experiência muito interessante. Eu nunca havia pisado em um estúdio de tv antes e não fazia ideia de como tudo era tão grandioso lá dentro, e quanta gente era necessária para esse trabalhão. Técnicos de som, cinegrafistas, fotógrafos, maquiadores, figurinistas e, até mesmo, um diretor de cena, que me dizia como eu deveria atuar. Para um *take* de quinze segundos, que era esse nosso primeiro vídeo, levamos quatro horas para finalizar. Saí de lá contente e com a sensação de que aquele seria o meu reerguimento, na vida, depois de tudo que eu havia passado.

Ao final da gravação desse primeiro vídeo, me pagaram com um cheque o valor combinado e agendaram o segundo dia. Seria dali a duas semanas. Concordei e saí de lá com uma sensação de dever cumprido. Cinco dias depois, enquanto almoçava com minha esposa e meus filhos, o telefone fixo tocou e eu atendi. Era um funcionário da tal emissora.

— Sim, sou eu, pois não?

— Doutor Bernardo, meu nome é Rafael. Estou ligando em nome da empresa para a qual você fez gravou a aula, para avisar ao senhor que cancelaram o segundo dia de gravação, mas agradecemos muito pela sua participação.

— Mas cancelaram assim, de repente?

— Pois é, foi alguma incompatibilidade de agenda da emissora, que acabou gerando esse cancelamento. Mas muito obrigado pelo senhor ter comparecido naquele dia.

— Claro, sem problemas. E quando vai ao ar a gravação que fizemos?

Silêncio prolongado. Houve uma demora fora do comum, antes que viesse a resposta escorregadia.

— Então, não sei informar pro senhor, mas vão ligar avisando, pode deixar.

— Mas você não tem nem ideia de quando vai ao ar?

— Infelizmente não, doutor Bernardo. Desculpa.

— Tudo bem.

— Qualquer coisa que precisar é só ligar. Abraço!

— Abraço.

Não tive como disfarçar a decepção, ao voltar para a mesa. Minha família notou na hora, em minha expressão, que algo havia acontecido.

O pior veio depois, para selar a humilhação. Dois dias desse telefonema foi ao ar a tal campanha pelo parto humanizado. Só não era a que eu gravei. Chamaram outro médico para gravar a mesma coisa. Mesmo roteiro, mesmo cenário, arriscaria dizer mesma direção. Minha família ficou consternada com aquilo. Roberto quis entrar com um processo contra a emissora, mas eu o dissuadi a não fazer isso. "Deixa pra lá. Eles não fizeram nada de ilegal. Foram profissionais e me pagaram o valor combinado, na data combinada". Não disse a Roberto o real motivo de eu não querer mexer naquilo, nem precisava. As maiores verdades são ditas no silêncio. Tenho certeza de que ele entendeu. Processar a emissora, por seja lá o que fosse, seria fazê-los jogar no ventilador o porquê de não quererem meu nome associado a uma campanha deles, e isso seria acentuar ainda mais a humilhação pela qual eu já estava passando.

Esse foi o primeiro, de vários golpes que sofri. Os efeitos colaterais daquela trágica noite foram muitos. Paula, como já disse antes, passou a me evitar. Acho que para não ter seu nome tão associado ao meu. Apesar de ela também ter sido ré, no processo, eu fui o protagonista da tragédia. Não foi pra cima dela que a imprensa foi, com toda sua violência, na abordagem.

Nem minha esposa escapou de ataques de populares, na rua, porque também ela teve sua imagem exposta pela mídia. Meus filhos começaram a sofrer *bullying* na escola. Os colegas hostilizavam-no, por ser meu filho. Tive que tomar uma providência e fui até a diretoria exigir que fizessem alguma coisa para parar aquele assédio, ou eu processaria a escola. A diretora respondeu na minha cara:

— Pode processar, doutor. É bom que assim todo mundo vê quem o senhor é. Nós lamentamos pelo que o senhor está passando, mas não desconte na gente sua raiva.

— Não estou descontando raiva nenhuma em ninguém. A senhora está misturando alhos com bugalhos. Estamos falando aqui do meu filho, que tem só oito anos e não merece estar passando por nada disso.

— Eu realmente lamento, doutor Bernardo, mas não temos como obrigar as crianças a gostar do seu filho.

— Não é o que estou pedindo. A única coisa que peço é que como direção de uma escola particular, cuja mensalidade inclusive eu pago, tome providência para que meu filho não seja assediado pelas outras crianças.

—Vamos fazer o possível, doutor Bernardo. Mas tente orientar seu filho a não se importar com essas pequenas provocações de crianças. Isso é normal, na idade deles.

— Não são pequenas provocações. Para ele, isso é muito. Ele está sofrendo. Só estou pedindo que a senhora faça alguma coisa quanto a isso.

— Tudo bem, farei o possível.

— Sim, por favor, se não serei obrigado a matriculá-lo em outra escola.

— O senhor tem todo direito, doutor Bernardo.

— Fica aqui meu pedido. Obrigado.

— Vamos fazer o possível. Passe bem.

Nada mudou. Agora também minha filha estava sendo provocada pelos colegas de classe, por minha causa. Desisti da ideia de matriculá-los em outra escola. De que adiantaria? Além de terem que se adaptar, do zero, a outro ambiente, lá também sofreriam as mesmas provocações. Não havia o que fazer, a não ser instruir e orientar meus filhos sobre como deveriam agir, na escola. Fui realista na conversa que tive com eles. Expliquei que passariam por uma fase muito difícil, mas que era só isso, uma fase que iria passar. O importante era manter o controle e não fazer nenhuma besteira de se envolver em brigas ou desrespeitar algum professor. Eu os aconselhei a abstrair as provocações, por mais difícil que fosse, e eu sabia que era. Estava pedindo a duas crianças de oito e dez anos que fossem fortes o suficiente para suportar uma turma inteira de outras crianças que estavam dispostas a massacrá-los, com suas provocações. Isso me doía. Não conseguia deixar de me sentir culpado pelo que estavam passando. Não apenas meus filhos, mas toda minha família. Só que meus filhos eram crianças, nessa época, e estavam assustados com tudo que estava acontecendo.

▶ SÉTIMA TESTEMUNHA

DONA ROSA

MÃE DO DOUTOR BERNARDO DEPOIMENTO SOBRE SEU CARÁTER E PERSONALIDADE

"Meu filho sempre foi um bom menino. Nunca 'passei pano' para nenhum deles. Quando faziam alguma coisa errada eu brigava mesmo. Deixava de castigo, dava bronca. Meu falecido marido, então, era mais severo do que eu. Tenho noção do certo e do errado, e, se meu filho tivesse feito algo de errado, eu sofreria, mas não o acobertaria. Só que não foi o caso. Eu sei que não foi! Bernardo é um médico detalhista como o pai dele! Não deixa passar nada! Alberto ensinava muito a ele, com jogo de xadrez. Dizia que era para estar atento aos mínimos detalhes, até mesmo a um peão solitário que estivesse avançando sorrateiramente sobre o tabuleiro. Em outras palavras, que se como médico ele desconfiasse que algo de errado estivesse acontecendo, por menor que fosse, investigaria imediatamente, porque o avanço de um peão solitário pode significar a ruína de uma vida. Ou seja, estar atento a uma infecção silenciosa, a uma bactéria oportunista, a essas coisas. Bernardo sempre foi muito atento a tudo, e digo isso de cadeira, porque trabalhamos juntos durante muito tempo no instituto da igreja, de assistência a mulheres gestantes em situação de vulnerabilidade. Ele não deixava passar nada. Era um corre-corre, o dia todo. Ele, sempre incansável, cuidava de tudo e de todos, lá. As meninas se sentiam tranquilas, porque ele passava segurança. Sempre tratou as pessoas com humanidade, e não como objetos.

Ele é herdeiro desse 'olho de águia' do pai e da humanidade da mãe. Não querendo dizer, com isso, que o pai fosse uma pessoa fria. Só era mais pragmático. Não era muito de sorrisos e conversas. Ele chegava e fazia o que tinha que fazer. Bernardo pegou o melhor de nós dois e se tornou um médico maravilhoso.

Ver meu filho sendo preso destruiu meu coração. Não chegou a ir para uma cela, graças a Deus, mas passou duas noites detido, prestando depoimento na delegacia. Mas Deus é tão bom que agora ele já está superando tudo e a verdade está vindo à tona.

Alberto era carrancudo, um homem de poucas palavras, mas graças a ele nossa família é muito unida. Ele sempre fez questão de todo mundo unido e dizia que família é o maior patrimônio que um ser humano pode ter, e tinha toda razão. Deus tenha meu amado marido, por tudo que ele fez por nós. Se hoje Bernardo tem uma família que o apoia e que o apoiou, durante esses quase dez anos desse pesadelo, é graças ao meu marido, que ensinou o valor da família aos quatro filhos. E eu ensinei a eles a importância do amor de Deus. Ou seja, Alberto e eu demos uma educação muito sólida aos quatro.

Tanta injustiça e durante tanto tempo... os primeiros anos do Bernardo declarado réu foram terríveis para todos nós. Coração de mãe aperta, nessas horas. Mas Deus esteve ao nosso lado o tempo todo. Passamos por essa tempestade. Não temos nenhuma raiva daquelas pessoas, não guardamos nenhum ressentimento. Mas sentimos na pele o que é ser alvo de ódio alheio. Não julgo ninguém. O que aconteceu naquela noite foi terrível, mas culpar um médico bom como o Bernardo por aquilo foi muito cruel."

CAPÍTULO 11

2013
SEGUNDO ANO
COMO RÉU

Minha carreira, antes sólida e estabilizada, agora era alvo de desconfiança e animosidade. Impressionante o poder da mídia e da imprensa. Podem criar uma personalidade da noite para o dia ou acabar com um anônimo, da noite para o dia. Esse foi meu caso. Acabaram comigo. Aceitei dar entrevistas, quando me ofereceram, porque estava angustiado por contar a minha versão da história, mas Roberto logo me aconselhou a não fazer isso, porque a opinião pública estava muito disposta a me ver como o vilão e a mídia poderia legitimar essa visão, podendo influenciar a opinião pública, formada por milhões de pessoas que estarão no conforto de suas casas, me julgando. Por exemplo, pode ter um comentarista que diga coisas, depois da entrevista, e o entrevistado nunca tem controle sobre isso. O entrevistado verá o produto pronto apenas quando for ao ar, e da primeira vez que isso aconteceu comigo fiquei chocado, porque me dei conta do quanto podem distorcer a percepção da realidade sem um único corte de vídeo e sem dizer nenhuma palavra. O monopólio da narrativa é deles. As pessoas que estão em casa, assistindo, gostam de se sentir nessa posição de juízes populares, que decidem quem terá a cabeça cortada, mesmo sem conhecer absolutamente nada do caso, ou apenas conhecendo o pequeno e simplório recorte oferecido pela mídia.

Enfim, parei de dar entrevistas. Logo notei que pioraria a situação, e tudo que eu faria seria aumentar a raiva que as pessoas já estavam, de mim, sem conhecerem a história toda, de fato. Fora que quanto mais entrevistas, mais exposição e mais tempo meu rosto ficava estampado em telas e jornais, e mais tempo as pessoas tinha para assimilar e mais tempo levavam para esquecer.

A má repercussão na mídia afetou enormemente o instituto que minha mãe coordenava. O padre não quis má repercussão para a igreja e gentilmente sugeriu que fechássemos a casa de acolhimento, por um tempo. Relutamos, tentamos argumentar que muitas daquelas meninas grávidas que ali estavam precisavam muito de um lugar que as acolhesse, durante a gestação, mas ele foi irredutível. "Olha, eu sinto muito, mas realmente não há como. A própria arquidiocese está pressionando para fechar a casa. É temporário. Quando a 'poeira baixar' nós reabrimos". Mamãe ficou inconsolável. "Onde essas meninas vão ficar, Bernardo? Elas não tem pra onde ir, meu Deus do céu...". Eu me sentia péssimo, porque algo que havia acontecido comigo estava "respingando" em várias pessoas da minha família.

CAPÍTULO 12

2014
TERCEIRO ANO COMO RÉU

*A*inda estou respondendo em liberdade. Mamãe entrou em depressão profunda. Minhas irmãs e eu fizemos de tudo pela recuperação dela, inclusive visitas à arquidiocese para pedir a reabertura do instituto de acolhimento a mulheres gestantes em situação de vulnerabilidade, mas parecia que o mundo havia fechado todas as portas para nós.

A mídia deu um tempo nas investidas, mas o estrago estava feito. Uma vez que seu rosto apareceu durante semanas e meses, ou por quase um ano inteiro, para metade do Brasil, mais de cem milhões de pessoas. Não há como ser esquecido em poucos anos.

Voltei a trabalhar como clínico geral, coisa que não fazia há bastante tempo. No hospital público ainda atendia bastante, porque os pacientes não escolhem com quem irão se consultar. Mesmo assim, vários deles me reconheciam, quando estavam em minha sala, enquanto eu fazia a triagem, e, constrangidos, levantavam-se e iam embora, sem terminar a consulta. Minha credibilidade foi duramente afetada, graças às investidas violentas da mídia e da imprensa.

2014
TERCEIRO ANO COMO RÉU

CAPÍTULO 13

2015
QUARTO ANO COMO RÉU

A os poucos fui voltando à obstetrícia. Busquei me reciclar, nesse meio tempo, enquanto trabalhei como clínico geral. Aproveitei para fazer alguns cursos, estudar e entender as últimas discussões acadêmicas da minha especialidade.

Fui convidado a representar o Brasil em um congresso internacional de obstetrícia na Suíça. Eu me animei bastante com a possibilidade de devolver credibilidade à minha carreira profissional. Mas, na última hora, já com passagem comprada, recebo um telefonema cancelando minha participação no congresso. Quando pedi uma explicação, não quiseram me dizer e desligaram. Liguei para a organização exigindo uma explicação para aquele cancelamento e me disseram que algum alto membro da comissão médica responsável pelo encontro soube do meu histórico e decidiu que o Brasil precisava de um médico que o representasse melhor do que eu. Um médico de imagem limpa.

Cheguei a pensar de combinar com minhas irmãs de não dizer nada à minha mãe, sobre o cancelamento, e montar um esquema para que ela pensasse que eu estivesse, de fato, viajando. Já havia sofrido demais por minha causa, a pobre mulher, não queria que passasse por mais esse desgosto. Marisa e Sônia acharam boa a ideia.

Marta não gostou, mas aceitou ajudar assim mesmo. Roberto e Cecília também concordaram e me apoiaram, mas eu mesmo, de última hora, não tive coragem de seguir adiante com aquela mentira e contei tudo. Ela ficou arrasada, é claro, e eu, me sentindo ainda mais culpado.

CAPÍTULO 14

2016
QUINTO ANO COMO RÉU

Até ao Vaticano apelamos para que o instituto da igreja fosse reaberto, mas obtivemos apenas o silêncio, como resposta.

O estado de saúde de minha mãe estava me preocupando muito. As brigas em casa, com minha esposa, aumentaram, e meus filhos estavam sofrendo muito na escola, com tudo aquilo.

Cecília faria uma turnê pela América do Sul, com a companhia de teatro da qual fazia parte, mas um dos diretores reconheceu o sobrenome da família e logo a associou a mim. Perguntou a ela qual era o grau de parentesco que tinha comigo. Por diversas vezes, eu a aconselhei a mentir, dizer que era apenas uma coincidência de nomes, mas ela fazia questão de dizer que era minha sobrinha e que tinha muito orgulho disso. Resultado: Ela foi excluída não apenas do papel principal como da peça, e não viajou. Com isso várias portas se fecharam para ela, posteriormente. Marisa me culpou por esse incidente e Cecília brigou com ela, por isso, para me defender. Eu disse à minha sobrinha que agradecia a intervenção, mas que deixasse a mãe dela desabafar o quanto quisesse, que estava no direito dela.

CAPÍTULO 14

2016
QUINTO ANO
COMO RÉU

CAPÍTULO 15

2017
SEXTO ANO
COMO RÉU

A mídia e a imprensa voltaram a falar de mim, nos meios de comunicação. Agora estavam usando minha imagem para dar exemplos de maus procedimentos médicos. Estavam me usando para mostrar o que não deveria ser feito por um médico. Uma das matérias começava da seguinte forma:

"O caso do doutor Bernardo, que virou escândalo há pouco mais de cinco anos, em 2012, nos mostra que médicos também erram, e erram feio. Não são 'deuses infalíveis', como muitas vezes creem ser".

Deuses infalíveis? Nunca me considerei um deus! Nunca pensei ser infalível! Nunca fui arrogante como esse repórter foi comigo, nesse lixo que ele chama de artigo. Como pode alguém ser tão baixo, tão vil, acusando uma pessoa cuja vida, carreira e profissão ele sequer conhecia? Basta que um recorte distorcido dos fatos circule e se propague para que surja um bando de oportunistas querendo se dar bem em cima da desgraça alheia.

Sou o primeiro a ser contra esse pedestal de ouro que tantos colegas meus de profissão se utilizam para se sentir superiores. Sou o primeiro a querer acabar com essa cultura de que algumas profissões, por si só, valem muito mais do que outras. Sou o primeiro a ser contra ao denominado corporativismo médico.

CAPÍTULO 16

A NOITE DA TORMENTA

O CASO CARLA BARRETO

Não parava de chover. A madrugada seria longa, afinal. Eu caminhava pelos corredores da maternidade com um forte pressentimento de que aquela não seria uma noite agradável. Infelizmente estava certo em minha previsão.

Paula chamou uma equipe de enfermagem para cuidar da Carla enquanto foi cuidar dos casos externos, ao passo que eu cuidava das internas. A cada meia hora, eu fazia ausculta em Carla, para monitorar os batimentos cardíacos do neném, e também o toque vaginal, para verificar a abertura, e assim fui acompanhando o trabalho de parto. Eram onze da noite. Não havia alteração significativa que indicasse uma cesariana.

A partir de uma da manhã daquela noite, a linha cronológica pareceu trabalhar de uma maneira ilógica, na minha vida, e parando para lembrar dos detalhes, as imagens me parecem oníricas e um tanto surrealistas.

Gritos. Correria pelos corredores. Chuva que não parava. A voz do meu pai, que eu não parava de ouvir, e que me dizia "Foco, Bernardo! Concentre-se no jogo! Tem que prestar atenção nos detalhes! Um peão solitário, no tabuleiro, pode ser a diferença entre vida e morte de um paciente". Fui ao banheiro, para me recompor. Estava suando frio. Mal conseguia ouvir meus próprios pensamentos, com o barulho da chuva açoitando o telhado e a voz do meu pai em minha cabeça. Mandei meu pai calar a boca, colocando as duas mãos nos ouvidos. Lavei o rosto. Escutei um movimento anormal nos corredores. Apressei o passo até a sala de parto. Já estava na hora de examinar Carla novamente. Meia hora, desde a última vez. Espanto. Enfermeiras me olhando assustadas. Carla parecia mais agitada do que meia hora antes. Estava se contorcendo na maca e não conseguia balbuciar nenhuma palavra. Meu coração acelerou. Paula não estava presente. Imediatamente tirei o estetoscópio do pescoço e fiz novamente a ausculta. As enfermeiras tentavam acalmar Carla, que transpirava muito e tinha a respiração muito ofegante. O medo, nessa hora, se aproximou de mim, em uma abordagem medonha, mas o doutor Alberto, meu pai, parecia estar comigo, naquele instante, e pude ouvir sua voz severa, dizendo "Se acalma! Foca nos sinais vitais da paciente. Recomponha-se!". Os batimentos do neném haviam diminuído muito. Detectei sofrimento fetal. O mínimo são 120 batidas por minuto e o máximo, 160. As do bebê da Carla estavam em noventa. As batidas do coração da criança desaceleraram, enquanto as do meu aceleraram.

Não era mais possível esperar que o parto evoluísse por via baixa. Era preciso preparar a cirurgia cesariana, porque a vida do bebê e mesmo a da Carla, poderiam estar comprometidas. Imediatamente mandei chamar Paula, porque é ela que me acompanha, nas cirurgias. Deixei Carla com as enfermeiras e corri pelos corredores, para preparar a sala de cirurgia. Tive a impressão de escutar, longe, alguém me chamando. Ignorei. A prioridade naquele momento era trazer ao mundo o bebê da Carla. O anestesista foi chamado e já estava preparando o material. Leva, pelo menos, meia hora para que uma sala de cirurgia seja preparada.

Homicídio culposo. Foi essa a sentença que pesou sobre minha cabeça, minha alma e meu ser, durante quase uma década. Matei, sem intenção, o bebê da Carla Barreto. Foi nisso que o juiz acreditou, foi isso que a mídia e a imprensa durante anos alardearam, e foi nisso que eu mesmo acreditei. Eu, que havia jurado defender a vida a qualquer custo, naquela noite senti minha dignidade se esvair pelo esgoto. O termo completo, na sentença foi "(...) crime de homicídio culposo majorado por inobservância de regra técnica de profissão".

Quando cheguei correndo ao andar de cima, onde fica a sala cirúrgica, o anestesista e a equipe de enfermagem já estavam preparando os instrumentos para a cesárea. A chuva não parava. Olhava pelas janelas e não via iluminação nas ruas. Os postes não estavam funcionando. Relâmpagos e trovões riscavam o céu com fúria, enquanto a chuva desabava, impiedosa. Eu corria pelos corredores, para salvar a vida da Carla e do bebê, e nessa correria me lembro de ter esbarrado com Sérgio Rodrigues, o então diretor do hospital. Em alguns segundos, resumi o que estava acontecendo e ele disse que acionaria a equipe técnica para me auxiliar no que fosse preciso.

Estava novamente na sala de parto normal, ao lado da Carla. Não lembro se Paula estava presente, nesse momento. Provavelmente sim, mas minha memória registrou presenças e ausências dela, durante todo o processo. Parando agora para relembrar, é como se ela sumisse e reaparecesse o tempo todo.

O que mais me perguntaram ao longo desses anos foi "Por que não fez logo a cesariana, já que havia detectado sofrimento fetal?" Primeiro: Assim que detectei sofrimento fetal indiquei a cesariana. Segundo: Se não há um forte motivo para realizar o parto por via alta, não se deve fazê-lo, por uma série de razões. Uma delas é que o risco de infecção hospitalar aumenta muito nesse tipo de cirurgia. Segundo que é uma operação que gera traumas físicos e mesmo emocionais na mãe. Portanto, a não ser que haja um motivo muito forte para a cesariana, a preferência é do parto normal.

Fiz tudo ao meu alcance para salvar aquelas vidas. Uma infelizmente se perdeu. Não sou capaz de mensurar a dor que sinto, na perda daquele bebê, e mesmo hoje compreendendo que não foi culpa minha, ainda sinto um remorso por achar que eu poderia ter feito algo mais para salvar aquele bebê, mas na realidade fiz absolutamente tudo que estava ao meu alcance.

Não daria mais tempo de a Carla ser levada para a sala de cirurgia, porque o trabalho de parto evoluiu muito rapidamente. O bebê estava em um estado crítico. Seus batimentos cardíacos diminuíam a cada cinco minutos. Algo muito grave estava acontecendo. Carla estava com a pressão alta e empapada em suor. Seu cabelo grudava na testa e ela gritava de dor. O bebê começou a coroar. Pedi a ela que fizesse mais força. Alguém da equipe técnica entrou na sala avisando que a sala de cirurgia estava praticamente pronta e que já poderiam transladar para lá a gestante. Alguém respondeu que era tarde demais. As vozes ficaram distantes, para mim, o tempo pareceu estar em suspenso e o mundo pareceu parar de girar. A chuva não parava de cair, indiferente a tudo e a todos. Gotas de suor brotavam em minha testa. Mandei abrir a janela, mesmo com chuva, para circular o ar. Abriram. Senti uma lufada fria nas costas. A cabeça do neném estava quase toda fora e o que vi foi um rosto roxo por asfixia. Nesse momento minhas desconfianças começaram a se confirmar e para meu terror, comecei a compreender por que o bebê estava em sofrimento fetal, anunciado pela diminuição dos batimentos cardíacos. Ele havia se enforcado no próprio cordão umbilical. O líquido amniótico nessas horas pode funcionar como uma espécie de "cadafalso" de sustentação para o bebê. A partir do momento em que a bolsa estoura, a criança perde essa sustentação e fica "pendurada" pelo pescoço, funcionando o cordão umbilical como forca.

A necropsia do bebê apresentou mais do que as voltas do cordão umbilical como sinais de sofrimento fetal. Houve também a ingestão de mecônio, que são as primeiras fezes do bebê, formadas por material que ele engole justamente com o líquido amniótico. Muitas vezes o bebê defeca no líquido e engole as próprias fezes, podendo ocorrer uma série de problemas, dentre eles sofrimento fetal, e mesmo a morte. Foi o caso do bebê da Carla. Ele morreu por uma série de fatores, dentre eles a ingestão de mecônio, que na necropsia foi encontrado no estômago e na traqueia.

Tudo na Carla indicava que o nascimento do filho dela deveria ser pela via baixa, inclusive a conformidade da bacia. O bebê dela tinha mais de três quilos e, até uma e meia da manhã, todos os sinais vitais estavam perfeitos. Eu mesmo o examinei, pela ausculta e pelo toque vaginal.

Quando o bebê da Carla finalmente nasceu, vimos as duas voltas do cordão umbilical em torno de sua garganta. Imediatamente foi entregue ao pediatra, que o levou à mesa de ressuscitação e lá tentamos todos os procedimentos possíveis. O coração dele não voltou. Quando foi oficialmente decretado o óbito do bebê, saí dali e fui para uma sala vazia do hospital. Precisava de um tempo para me recompor.

2018

SÉTIMO ANO COMO RÉU

MAIS UMA, DE TANTAS audiências, para que a justiça pudesse entender o que aconteceu naquela noite, apesar de todos os envolvidos no caso terem prestado vários depoimentos, tanto do meu lado quanto do lado da Carla. É sempre muito pesado, estar nessa situação em que precisei enfrentar judicialmente a mulher, cujo filho nasceu morto em minhas mãos. Daria tudo para voltar no tempo e tentar algo diferente, mas a vida é uma apresentação sem ensaio, e a gente faz o melhor possível com o melhor que tem em mãos.

Gostaria de ter tido a oportunidade de conversar com Carla, olho no olho, e dizer a ela que eu sentia muito que seu filho tivesse morrido. Não tive, nem terei essa oportunidade em momento algum. Gostaria de ter segurado nas mãos dela e dito "Eu sinto muito. Fiz o melhor que pude para salvar seu filho". Não sinto raiva alguma dela, nem da família dela. Gostaria muito de que eles não sentissem raiva de mim, e que me perdoassem, embora não tenha cometido erro algum.

2019

OITAVO ANO COMO RÉU

A IMPRENSA PARECE NÃO querer esquecer o caso. Tantos escândalos na política, tantas desgraças no mundo, mas o meu caso sempre volta. Pode até ficar adormecido por um tempo, mas ele sempre volta. Uma capa de revista levava o seguinte título, com meu rosto estampado "Médico da morte". Novamente sendo exposto pela imprensa. Novamente tendo que enfrentar a opinião pública, que sempre que está prestes a esquecer o caso e me dar um pouco de paz, algum canal da imprensa ou da mídia chegam para relembrar e me lançar novamente a um abismo de tormentos.

Decidi tirar férias no meio do ano e viajar. Precisava espairecer, respirar novos ares. Fui para a região dos lagos, onde tenho uma casa, nada de extravagante.

Sônia quis me fazer companhia, mais por estar preocupada comigo do que por outra coisa, mas recusei. Precisava estar um pouco sozinho. Ela não se ofendeu, nem um pouco, mas ficou preocupada. Garanti que ficaria bem, mas coração de irmã mais velha não se engana.

2020
NONO ANO COMO RÉU

A PANDEMIA DO CORONAVÍRUS assola o mundo e morrem milhões de pessoas. Pânico geral. Como sou da saúde, nunca parei de trabalhar.

Fui para a linha de frente, atender os casos de emergência do novo vírus que estava apavorando o mundo. Não tive como ficar apenas na obstetrícia, pois minha responsabilidade de médico me chamou para ser um dos soldados a combater a nova doença. Não foi nada fácil. Da noite para o dia, chegaram pacientes com quadros respiratórios graves, tendo que ser intubados, mas o hospital sem estrutura nem cilindros o suficiente para suprir toda aquela demanda. A morte chegou, soberana, e levou muita gente que, em seus últimos momentos, sequer puderam estar em uma maca. Morreram nos corredores do hospital.

Eu voltava para casa todo dia e fazia minha assepsia ainda na garagem. Levava meia hora trocando de roupa, passando álcool em todo corpo, deixando o sapato em uma bacia com água e álcool e limpando minha pasta de médico com álcool gel.

Nos três primeiros meses da pandemia, minha esposa e meus filhos ficaram na casa da minha sogra, porque não queria arriscar a vida deles. Eu era um vetor em potencial, porque estava trabalhando todos os dias, de cara com o vírus.

Depois de um tempo, voltei a atender apenas a internas gestantes, para salvá-las das doenças, e salvar também, é claro, seus respectivos bebês.

Saiu uma pequena matéria sobre o caso Carla Barreto em uma revista de fofoca. Comprei um exemplar, para saber o que diziam, e claro... ela era a vítima, e eu, o monstro. Um dos trechos dizia "Mas é sempre assim. Eles, os semideuses, sempre se safam". Faziam alusão ao processo de maneira a dar a entender que eu simplesmente não me importei com Carla e o bebê dela. Como isso está longe de ser verdade. Fiz tudo que pude e, durante o processo de ressuscitação, estive o tempo todo presente, pedindo a Deus que aquilo fosse apenas uma dura prova para testar a minha fé e que trouxesse aquele bebê à vida, fazendo seu coração bater novamente. Mas aconteceu o pior, infelizmente, a criança não teve chance.

Além da pandemia em pleno fervo, ainda tive que enfrentar uma avalanche de *haters* da internet. Eles passaram a me chamar de "assassino de bebês", em uma página criada por alguém da família da Carla, em uma famosa rede social. Tinha o meu rosto, na capa, com uma tarja vermelha sobre ele, na diagonal. A página narrava, segundo o ponto de vista da pessoa que a desenvolveu, todo o ocorrido naquela terrível madrugada. Viralizou e meu rosto voltou a ser conhecido, negativamente, nas principais plataformas digitais. Com isso, as portas voltaram a se fechar para mim. Voltei a perder oportunidades em minha vida profissional, porque ninguém queria ser associado à minha imagem, à imagem de um "assassino de bebês".

CAPÍTULO 17

AINDA SOBRE AQUELA NOITE

Estava na pequena sala, ainda atônito com a notícia da morte da bebê, quando alguém bateu à porta. Mandei entrar. Era a doutora Isabel, a médica que fez todo o pré-natal da Carla. Fiquei mudo. Tentei dizer algo, mas as palavras me fugiam. O que ela estaria fazendo ali, se não era seu plantão? Quis muito que não fosse pelo motivo que eu imaginava que fosse. Que não a tivessem chamado apenas para dar a notícia de morte aos pais. Depois fiquei sabendo que foi mais ou menos isso, apesar de que, no fim das contas, quem deu a notícia foi a Paula.

— Bernardo, você está bem? Está pálido...

— Quê? Ah... sim... estou bem... só um pouco exausto.

— Vai pra casa, descansar.

— Quê?

— Vai pra casa que a gente cuida de tudo.

— Não, Rebeca, não posso ir para casa! – não tinha o direito de ir, sabendo do sofrimento pela qual Carla estava passando" — Não quero deixar a Paula sozinha, para resolver isso.

— Ela não está sozinha, tem os enfermeiros, e eu vou ficar.

— Obrigado, mas não. Eu vou ficar.

Durante esse curto diálogo, fiquei me perguntando o porquê de ela não ter chegado antes, para estar com a Carla. Não era o plantão dela? Isso não é motivo para não estar com uma paciente que iria dar à luz naquela noite, já que ela tinha sido a médica que havia feito o pré-natal da Carla, por conseguinte, quem mais a conhecia. No entanto, ela só estava ali porque foi avisada de que o bebê havia morrido, e aquilo me causou indignação.

Desci, estava um pouco tonto, senti algumas vezes que iria cair, mas fui amparado por colegas que passavam por ali. Queria chegar até a sala de parto para falar com a Carla, mas ela já havia sido levada a uma outra sala e estava dormindo. Ouvi uma discussão. Vozes conhecidas e desconhecidas. Fui ver o que era. Roberto, o então marido da Carla, estava discutindo com Paula, que, por sua vez, também estava alterada. A irmã dele brigava com as enfermeiras que tentavam explicar que a morte do bebê não havia sido culpa de ninguém. Chamaram os seguranças do prédio. Mais pessoas da família da Carla chegaram para comprar a briga e uma delas parecia que estava armada e ameaçava os seguranças. Dizia que se encostassem em alguém da família, ele iria usar a arma. Eu intervi e tentei colocar "panos quentes", porque estava vendo que a situação estava fugindo ao controle perigosamente.

▶ OITAVA TESTEMUNHA

JOSÉ MARTINS SEABRA

PERITO DA POLÍCIA CIVIL

"Sim, no meu entendimento, os dois médicos e a equipe de enfermagem acompanharam corretamente o trabalho de parto. Não encontrei nenhum erro no material, até 1h30 da manhã.

Não consegui determinar o porquê da cesariana não ter sido feita. Não sei dizer se houve alguma causa externa. O que fiz, mais do que concluir alguma coisa, foi elaborar um recorte no tempo que deveria ser investigado pelo delegado. A morte do bebê ocorreu entre 1h45 e 2h, não sei se por falta de material ou porque estava havendo outra cirurgia.

O material não tem erro, está tecnicamente correto, mas tem um "buraco", que gera uma certa imprecisão, um lapso de tempo que não foi narrado, justamente entre 1h45 e 2h, momento em que o bebê foi a óbito. Concluí, pela imprudência, porque não fui informado de o porquê a cesariana não ter sido feita. Até 1h30 não havia indicação alguma de que a cirurgia precisaria ser feita e os médicos a acompanhavam normalmente. A sala de cirurgia leva de quinze a vinte minutos para ser preparada.

A cesariana pode não ter ocorrido porque, antes da sala de cirurgia estar pronta, o bebê já estava nascendo. Se isso ocorreu, está respondida essa indagação. Não havia, então, mais o que fazer, além de dar prosseguimento ao parto normal.

CAPÍTULO 18

PARTO

Acredito que tudo fique marcado em nosso inconsciente, desde o momento em que os tecidos neurais começam a ser formados, ainda no útero materno. Tudo, absolutamente tudo, cada som, imagem, voz, toque, temperatura, tudo. Há estudos que corroboram com isso. Por essa razão que sempre dei muita importância à vida que uma gestante leva, em seu período de gravidez. Tudo o bebê sente e tudo ele levará para a vida. É como um cimento fresco, que, se for marcado antes de secar, depois não será possível reverter aquele processo, a não ser passar mais cimento por cima, o que não parece ser uma boa ideia. Pensando nisso é que sempre sorrio quando um bebê nasce em meus braços, porque quero que fique marcado na criança que ela está sendo bem recebida em nosso mundo. Não foi diferente com o bebê da Carla. Sorri para ele, apesar de ter nascido morto. Eu não tinha como saber, quando vi seu rosto roxo, ainda assim mantive o sorriso, embora o espanto. Poderia ser que ele estivesse vivo. Já fiz parto de muitas crianças que nasceram com o rosto roxo e não chorara logo de cara. Essas crianças estavam e permaneceram vivas.

A vida é um verdadeiro milagre, não apenas religiosamente, mas cientificamente falando. Há muito mais fatores de morte e um risco imenso que nos leva aos braços da morte, desde o momento em que nascemos, do que coisas que nos levem à vida. Quando ocorre a concepção, o corpo feminino luta, por um tempo, para expulsar o outro corpo.

Passada a fase inicial do feto, várias outras coisas podem matar o bebê, até mesmo um trauma muito grande, que pode estressá-lo até à morte. Depois que nascemos, são milhões, bilhões de fatores que concorrem para nossa morte, e a maioria esmagadora desses fatores não é visível aos nossos olhos. Seres microbianos que nos atacam, que vivem pacificamente em nós, mas que podem nos atacar a qualquer momento, seres que habitam nossa pele do momento que nascemos até nossa morte, etc. Ou seja, é muito mais difícil que exista a vida do que a morte, no entanto, brota vida de todos os cantos do mundo, mesmo nos lugares mais inóspitos. Apesar de considerar que meu trabalho é menos que o de uma formiga, na criação, fico feliz por ser alguém que ajuda a diminuir a margem de risco de morte. Alguém que trabalha pela promoção da vida. Por isso que me doeu tanto, e me dói até hoje, ser chamado de "assassino de bebês", por pessoas que sequer imaginam o que uma acusação dessa pode causar em mim. Em momento algum fui negligente com nenhuma de minhas pacientes gestantes. Sempre busquei cumprir com minha responsabilidade de médico da maneira mais conscienciosa possível.

O caso da Carla não foi culpa minha. Passei muito tempo acreditando que fosse. Foram anos tendo que dizer a mim mesmo que fiz tudo que estava ao meu alcance pelo bom nascimento daquela criança, porque eu realmente fiz. A vida nem sempre prevalece, infelizmente.

No fórum, durante as intermináveis audiências, ao longo de todos esses anos, me perguntaram diversas vezes por que não fiz a cesariana, pacientemente expliquei a mesma coisa, em todas elas. A cesariana só é indicada quando se comprova que não há passagem possível da cabeça da criança pela abertura vaginal ou por outras questões clínicas. Isso pode ocorrer por uma série de razões, uma delas é quando a cabeça da criança é maior que a bacia da mãe. Não era o caso da Carla. A cesariana é uma operação que só deve ser feita em último caso porque oferece uma série de riscos à vida do bebê e da mãe. Um deles é o de que se adquira uma infecção hospitalar. Por isso optei pela via baixa, no caso dela. Até quinze minutos antes do início do período em que a criança morreu dentro do ventre materno, fiz ausculta e toque vaginal, além de ter aferido a pressão e medido os sinais vitais da mãe. Estava tudo dentro da mais absoluta normalidade. Acontece que, meia hora depois, iniciou-se um período mórbido que se concluiu com o bebê ainda na barriga da Carla. Não tive mais o que fazer. Fui totalmente atento aos sinais e, imediatamente, após haver detectado sofrimento fetal por braquicardia, mandei preparar a sala de cirurgia. Nisso fui para lá ajudar nos preparativos, mas Carla não ficou sozinha em momento algum. Paula ficou com ela. Simplesmente não estava em minhas mãos, nem em mãos de ninguém impedir o falecimento daquele bebê.

▶ NONA TESTEMUNHA

ROBERTO VICENTE COSTA

PAI DO BEBÊ NATIMORTO
INFORMANTE

"Carla e eu nos separamos alguns meses depois que nosso bebê morreu. No dia 10 de abril de 2012, fomos ao hospital, a pedido da doutora Isabel, que foi a médica que fez o pré-natal da Carla. Lá pediram uma ultrassonografia que não foi feita na maternidade. Fomos a uma clínica particular. O médico que fez a ultrassom disse que a criança já era para estar com a gente, pelo tamanho. Aquilo já me deu um alerta e comecei a ficar nervoso, mas tentava passar tranquilidade para Carla não se estressar. Levamos o exame à maternidade e minha esposa na época foi internada. Ia ser meu primeiro filho. Nosso primeiro filho. O outro menino dela é de outro casamento. A ansiedade para os dois era enorme! A gente estava muito feliz com a chegada do nosso filho.

Fui visitá-la no dia seguinte da internação. Quando falei com Carla, soube que nada estava sendo feito. Percebendo que ela estava ficando nervosa, pedi a ela que tentasse ficar calma para que nada atrapalhasse o nascimento de nosso bebê. Pedi que ela confiasse nos médicos, pois, com certeza, eles a orientariam.

Cheguei às oito da noite ao hospital com minha irmã. Disseram que dali a pouco, meu filho já estaria em minhas mãos. As horas foram passando e nada do bebê. Fui ficando angustiado. Cheguei à recepção para saber o que estava acontecendo, mas não conseguiram me passar muitas informações. Reparei um certo movimento estranho, havia uma tensão no ar. Passaram um bilhete para a recepcionista. Ela pegou o pedaço de papel, leu, comprimiu os lábios em uma expressão de desagrado, levantou os olhos para mim rapidamente, abaixou os olhos e disse "Que merda!". Em seguida, ela pediu que eu aguardasse, que a doutora Paula viria falar comigo. Estremeci e minha visão começou a rodar. Escutei minha irmã dizer, ao meu lado, baixinho "Ou faleceu a Carla ou a criança". Comecei a passar mal e disse à recepcionista que queria ver minha esposa e filho imediatamente. Ela pediu para que eu me acalmasse e ficava repetindo que a médica viria falar comigo. Indaguei sobre o bilhete e ela desconversou. Sem nem se preocupar em disfarçar, ela o rasgou na minha frente e jogou na lata de lixo que havia para dentro do balcão.

Só fui saber do falecimento do meu filho às quatro da madrugada. Desde o dia 10, quando ela foi internada, que Carla e o bebê estavam sob os cuidados médicos. Se tivessem feito o procedimento correto, meu bebê não teria morrido.

Às três da manhã, a doutora Isabel apareceu por lá, bem nervosa, e disse 'Já venho falar com você'. Subiu a rampa e, dali a pouco, voltou de cara fechada... ia passando por mim sem dizer nada. Eu a chamei bem alto. 'Doutora! E meu filho? E minha esposa?' Ela disse: 'Não posso falar nada, agora, mas acho que aconteceu algo ruim.' Continuou andando, com pressa, quase correndo. Não entendi por que ela havia sido chamada, porque não era o plantão dela. Para mim estava já praticamente confirmado que havia acontecido algo que não queriam me contar.

A doutora Paula chegou, finalmente, e falou com minha irmã. Eu estava tão nervoso que nem escutei o que ela disse. Minha irmã, quem me contou, chorando, que a médica disse que havia feito de tudo, mas não conseguiram salvar a criança. Perguntei os nomes dos médicos, na recepção. À princípio não quiseram me informar. Minha irmã tentava me acalmar, mas eu gritava dizendo que tinha o direito de saber os nomes dos médicos que haviam matado meu filho. Ainda assim não disseram e chamaram os seguranças do hospital. Minha irmã impediu que eles me levassem, avisou que era melhor não encostar em nenhum de nós, para não piorar a situação do hospital. Não me deixaram entrar para ver minha esposa. Disseram que ela estava dormindo. Depois descobri que era mentira. Ela estava inconsciente porque havia sido sedada. Comecei a grita dizendo que queria ver meu filho, que tinha o direito de ver meu filho, para me despedir dele. Disseram que eu o veria no velório. Levado por uma forte emoção, eu xinguei a pessoa que me disse isso. Avisei que se não me deixassem entrar na sala onde estava o corpo do meu filho, eles iriam se arrepender. O tempo todo só me pediam calma. Quanto mais me pediam calma, mais nervoso eu ficava, mais eu gritava que só queria ver meu filho e esposa.

Esse filho era muito importante pra gente. Era nosso primeiro menino. Não tiveram sequer a consideração de perguntar pelo nome dele no hospital. Meu filho não teve direito à vida. Esses funcionários estavam preocupados com a imagem deles e do hospital, por isso esconderam a morte do meu filho, o tempo todo. Sabe esses adolescentes que fazem besteira e escondem do pai? Mesma coisa. Estavam sem graça, porque mataram meu garoto, esconderam o máximo possível a notícia. Até da Carla esconderam. Até dela tiveram o atrevimento de esconder.

No dia seguinte, fui à ouvidoria e exigi saber os nomes dos médicos. Ainda assim recusaram a informação. Ficavam apenas repetindo que havia sido uma fatalidade e que falecimentos como os do meu bebê, infelizmente, ocorriam com uma certa frequência. Mas uma coisa é ocorrer o falecimento quando Deus chama. Outra coisa é morrer por incompetência dos médicos que atendem. Era para eles terem feito a cesariana. Já dava pra saber disso antes, muito antes, mas deixaram tudo para cima da hora, quando a criança já estava toda enroscada no cordão umbilical, dentro da barriga da Carla. Era pra terem feito a cesariana assim que ela chegou. Estava na cara! O médico da clínica onde fizemos o último ultrassom já tinha dito que pelo desenvolvimento da criança, já era pra estar com a gente. Por que esperaram tanto? Por quê? Para quê? Mas médico é tudo assim. É tudo muito cômodo pra eles. Claro, não é o filho deles que morre, não é a mãe deles que está precisando de tratamento, não é ninguém da família, né? Porque se for a mãe deles, eu duvido que deixariam esperando na fila. Se for a mulher deles, eu duvido que não fariam a cesariana, se a criança tiver quase quatro quilos, na barriga da mãe, como a minha tinha. Mas ser humano é assim. Só quando dói na carne é que sente como é passar o que a gente passa. Médico é tudo igual.

Saímos do hospital, no dia 12, e fomos direto à polícia prestar queixa. Carla parecia um zumbi de tão dopada que estava. Depois de quase três horas de espera e depoimento, a polícia foi ao hospital. Finalmente liberaram os nomes dos médicos que mataram meu menino. Carla estava inconsolável e à base de calmantes. Disseram que seria bom interná-la ali mesmo, aproveitando que ela já estava no hospital, para ficar em observação. Eu ri na cara deles e disse que nunca que minha mulher iria ficar presa de novo, nas mãos daqueles canalhas, depois de tudo que aconteceu. Tentaram me dissuadir, de todas as formas, até meio que me cercaram, mas como a polícia estava comigo, impediram que houvesse uma desgraça, porque do jeito que eu estava, e do jeito que foram abusados sugerindo que Carla fosse novamente internada naquele hospital, para o "bem" dela, aquilo não ia prestar. Eu ia sair dali com ela, nem que fosse na marra. Minha irmã e meu cunhado também estavam comigo e me ajudaram a reagir ao assédio que sofri lá dentro. Escutei alguém dizendo 'Deixa, fulana, não segura ele, não, deixa ele ir. Ele está nervoso. Daqui a pouco passa.' A vontade que tive foi de dar uma surra em quem disse um absurdo desse. '... daqui a pouco passa.' Como se a gente estivesse falando da perda de um carro ou do prazo de um concurso. '... daqui a pouco passa.' Na cabeça deles não era nada demais, não é? '... daqui a pouco passa.' Passa porque não foi com eles que aconteceu essa monstruosidade. Passa porque a dor dos outros é refresco.

Tiraram meu filho de mim. Não tinham esse direito. Tiraram de mim meu primeiro filho, tiraram de mim minha família, tiraram de mim a chance que eu tive de formar uma família com a Carla. Pior de tudo é terem tentado esconder, na minha cara. 3,8 kg. Não precisa ser médico pra saber que uma criança com esse peso precisa urgente nascer, e que se estiver demorando pelo parto normal, tem que fazer a cesariana. Mas não. Esperaram até o último segundo. Aí era tarde demais. Fico me perguntando quantos outros bebês foram mortos naquele lugar, por incompetência médica, e me pergunto quantos casos foram abafados pelo hospital, para proteger os médicos. Porque claro, eles sempre se protegem. Não importa o que aconteça, sempre se protegem.

Carla levou anos até se recuperar por completo dessa perda. Até hoje fica triste ao lembrar do nosso filhinho que morreu porque dois médicos simplesmente não quiseram fazer a cesariana na hora que tinha que fazer."

CAPÍTULO 19

ENTRE A GUERRA
E A PAZ

Tudo que eu quero é paz, perdão, redenção e reconciliação. Não julgo o Roberto, nem a Carla, pelo ódio que sentem de mim e da Paula. Talvez, no lugar deles, eu sentisse a mesma coisa. Mas a minha voz precisa ser ouvida em algum momento, já que só as vozes do outro lado foram escutadas pela mídia e imprensa. Só a outra versão foi aceita e conhecida do grande público. A minha, quando exposta, nos meios de comunicação, foi distorcida, de acordo com os interesses desse mercado. Esse livro é a libertação da minha voz, é minha chance de dizer que não tive culpa pela morte do bebê da Carla. Eu fiz tudo que esteve ao meu alcance. Fui fiel ao juramento que fiz, pela vida. Jamais fui negligente com ela ou com qualquer outra gestante que estive aos meus cuidados. Minha consciência não permitiria.

Quanto à cesariana, vou repetir quantas vezes for preciso que só se realiza essa cirurgia se for realmente necessário, porque as chances de acontecer algum problema durante o corte e a chance da gestante pegar uma infecção são muito grandes. No caso da Carla, tudo indicava normalidade e que a via baixa seria, de longe, a melhor opção de nascimento do filho dela. Ocorre que o processo que levou o bebê à morte ocorreu ainda no ventre materno, antes que pudéssemos fazer alguma qualquer coisa.

Que fique claro que, enquanto o bebê ainda está na barriga da mãe, tudo que podemos fazer, como pessoas do lado de fora, é acompanhar o desenvolvimento da criança e o estado de saúde da mulher. Há fatores de risco de morte para todas as pessoas, enquanto ainda não nasceram. Como médico, o que posso fazer é, através dos sinais que me chegam, diminuir a margem de que aconteça algo mórbido. Mas os fatores estão lá. Há vezes em que esses fatores simplesmente coincidem e atuam sobre a criança que infelizmente não resiste. O tempo em que uma criança se enrosca em um cordão umbilical pode variar muito. Desde muito lento, até muito rápido. Quando é muito rápido e ocorre antes da criança nascer, vem o processo de sufocamento e falta de oxigenação no cérebro. A criança morre. Mas, se der tempo de preparar a cesariana, há uma chance de que consigamos salvá-la.

Eu realmente sinto muito por tudo que aconteceu, mas seguirei minha vida de cabeça erguida, na certeza de que não carrego a culpa pela morte desse bebê. Foi uma fatalidade. Fizemos de tudo que estava ao nosso alcance. Paula também se esforçou ao máximo.

Depois daquela noite, quis entrar em contato com a família da Carla, para que reinasse a paz entre nós, para que ela soubesse que, como médico, não tive nenhuma pretensão de que o bebê dela morresse, e para que ela me perdoasse, mesmo sabendo que eu não tive culpa pelo óbito da criança. Acho que o perdão faria muito bem a ela, mais do que a mim, que sei que não tive culpa pela morte de seu bebê. Fui aconselhado por Roberto a não fazer isso, já que eu estava sendo processado pela família. Chamei Paula e Isabel para virem comigo, mas não quiseram. Fui sozinho até o prédio onde Carla vivia com a família, mas não me atenderam. Mandaram dizer, pelo porteiro, que não havia nada a falar comigo e que, se eu não "sumisse" dali, chamariam a polícia. Fui embora dali triste, por me dar conta de que a humanidade prefere o estado de guerra ao estado de paz. É triste se dar conta de que as pessoas preferem arrastar correntes eternamente a perdoar e serem mais leves. Tudo que eu queria era abraçar a Carla e estar em paz com ela. Eu queria comunicar-lhe que a dor pela perda do seu bebê também é minha dor, sem querer, é claro, comparar com o nível de sofrimento de uma mãe que perde o filho.

Minhas famílias são a minha felicidade. A que me gerou e a que eu constituí. Esses últimos anos foram pesadíssimos, para mim, mas Deus me deu com o que suportar essa cruz. O suporte e apoio que minhas famílias me deram e me dão, são tão poderosos que hoje estou aqui, vivo, inteiro (ainda que cheio de cicatrizes), contanto a você a triste história de um bebê natimorto e do médico que teve a infelicidade de testemunhar esse triste evento. No entanto, toda história triste tem seu lado bom, para todas as partes. Posso dizer que, do meu lado, saio extremamente fortalecido desse furacão que assolou minha vida durante quase uma década. Não sou o mesmo de dez anos atrás. Tenho certeza de que a Carla também não. Nenhum de nós. Essa experiência trouxe fortalecimento e aprendizado também para Paula, para a médica Isabel, para Carla e para seu ex-marido, para Roberto, meu cunhado, e, até mesmo, para as pessoas da minha família, que tiveram a oportunidade de exercitar fortemente o instinto de clã. O senso de proteção coletiva, entre nós, nunca foi tão testado (quase ao limite) como nesses últimos anos. Isso fez de todos nós mais fortes, mais preparados, mais resilientes e por que não dizer, mais humildes. Prefiro pensar que não fomos vítimas dessa tragédia. Fomos merecedores de uma oportunidade única de aprendizado, com tudo isso. Não posso falar pelas outras pessoas, mas de minha parte, essa oportunidade agarrada com sucesso, lição aprendida. Quanto ao bebê, não sei dizer se o propósito de sua vida foi meramente transformar a vida dos que ele impactou enquanto esteve por aqui. Na minha leitura de realidade, é possível, mas acho que ele continua existindo, em algum plano, seguindo o caminho dele, talvez agora em uma outra missão.

Quanto ao protocolo médico, creio que deve ser revisto em alguns pontos, na obstetrícia. Precisamos falar sobre casos em que a cesariana se verifica com urgência. Isso talvez evite mortes, não apenas em minha prática médica, mas na de todos os obstetras. O caso da Carla certamente pode e deve entrar para a literatura médica, ensinando-nos preciosas lições e deixando um legado para a medicina.

CAPÍTULO 20

GUSTAVO

Embora tenham sido muito injustos comigo, durante anos, e minha voz tenha sido abafada, prefiro seguir com meus valores e ser uma pessoa democrática. Dei voz a todos os envolvidos no caso, inclusive testemunhas do hospital, ou que estiveram no hospital. Não poderia ser diferente com a mãe do Gustavo. Esse é o nome do bebê, que infelizmente partiu. Mesmo tendo uma opinião contrária à minha quanto à verdade dos fatos, mesmo tendo sido uma "inimiga" minha, perante à Justiça, mesmo sentindo raiva de mim, essa mulher terá voz, no meu relato, porque ela merece e porque eu jamais poderia calá-la. Portanto...

▶ DÉCIMA TESTEMUNHA

COM A PALAVRA, CARLA BARRETO

"Fiz o pré-natal pelo SUS. A doutora Isabel me acompanhou e sempre foi muito atenciosa, dizia que estava tudo bem. Ela brincava, de vez em quando, sorrindo, dizendo que era um bebezão e que ele teria que nascer por cesariana. Mas eu gelava de medo só de pensar. Tive minha outra filha por parto normal, correu tudo bem. Só que havia uma diferença grande de peso. A Emily tinha pouco mais que dois quilos e o Gustavo quase quatro. O parto da minha filha foi rápido e minha recuperação também. Tanto é que recebi alta no mesmo dia, depois de haver ficado em observação por algumas horas.

Quando doutora Isabel passou o último ultrassom, meu ex-marido e eu fomos a uma clínica. O médico achou ruim termos ido lá. Ele estava preocupado mesmo, dizendo que pelo tamanho do bebê, já era para ele ter nascido. Nesse momento eu chorei, porque estava emotiva demais e porque entendi ali que precisaria fazer cesárea. O médico do ultrassom confirmou meu medo, e disse que um nascimento de parto normal a essa altura do campeonato, ainda mais com o peso do bebê, seria muito perigoso. Tanto para mim quanto para meu filho. Isso me deixou ainda mais tensa, até porque a doutora Isabel não tinha dito nada de cesariana. Ela só dizia isso brincando, às vezes. Mas a gente tinha concordado que seria parto normal.

Dali já fui direto para a maternidade e fui internada. No início, os médicos passavam e diziam que estava tudo bem. Foram atenciosos comigo, mas, mesmo assim, eu me sentia sozinha, sem minha família ao meu lado. No dia 13, tive um sangramento por volta de uma da manhã, mas a bolsa ainda não tinha estourado. Doutor Bernardo disse que, por volta das três, o bebê estaria comigo. Ali eu já tive um mau pressentimento.

Com ajuda de uma enfermeira, fui tomar banho. Ela me sentou em um banco, debaixo do chuveiro e ajudou a me lavar, porque àquela altura eu já não tinha mais mobilidade para quase nada. Vi o sangue escorrendo pelas minhas coxas e indo pelo ralo. Tive uma crise de ansiedade e fiquei deprimida. Senti que algo de ruim estava para acontecer a qualquer instante. Só não imaginava que fosse tão ruim assim. Mas, no fundo, eu meio que sabia que aquele sangramento era um sinal. A enfermeira viu que eu estava preocupada e tentou me tranquilizar, dizendo que esse tipo de sangramento é super normal de ocorrer em mulheres que estão para dar à luz. O engraçado é que qualquer coisa que a gente fale tem sempre um médico ou uma enfermeira para dizer que está tudo bem ou tudo normal. Nem escutam direito o que a gente diz, mas está sempre 'tudo bem', 'tudo normal'. Se acham os donos da verdade. Por isso que morre tanta gente nas mãos desses caras.

Tomo regularmente Clonazepam, que é um calmante. Desde que fui internada até sair do hospital, não consegui dormir nenhuma noite. Meu bebê chutava muito, eu não tinha mais posição para dormir. Só na noite do terceiro para o quarto dia que eu dormi, mas não por mim mesma, mas porque fui drogada pelos médicos e enfermeiros. Como estavam escondendo de mim a morte do meu filho, me apagaram para que eu não ficasse toda hora perguntando por ele. Foi horrível. Me trataram como bicho. Eu perguntava as coisas e ninguém mais me respondia. Foram atenciosos só no início. Depois não passavam mais. Eu tocava a campainha, mas não iam me atender. Depois que meu filho nasceu, não me deram trégua um minuto, com aquelas injeções. Era droga em cima de droga que colocavam na minha veia. Sempre que eu acordava, completamente grogue, balbuciava alguma coisa, para perguntar sobre meu filho e pedir para que parassem de me injetar aqueles remédios, porque eu queria estar acordada. Só que eu não conseguia nem falar, porque me davam umas drogas tão fortes que nem falar direito eu conseguia. Sempre que eu resmungava alguma coisa, tinha alguém para dizer que estava tudo bem e tome-lhe injeção pra apagar. Eu estava desesperada. Teve uma hora que eu achei que nunca mais iam parar de me drogar. Em uma dessas idas e vindas, entre eu acordar e ficar sedada, consegui gritar, pedindo socorro e implorei para que não me injetassem mais nada. Uma enfermeira ia me apagar de novo, mas alguém a impediu e disse 'Não faz, não. O marido dela está lá embaixo.'

Logo que Gustavo nasceu, me deram uma injeção muito forte e eu apaguei, mas, antes disso, vi que ele não tinha chorado, quando nasceu, e não o puseram em meus braços.

Colocaram ataduras nos meus seios. Até hoje não sei o porquê. Com tanta droga para dormir que me deram, eu me sentia numa montanha russa, sobe e desce, sobe e desce... cada vez que acordava, era um cenário diferente. Nesses segundos em que eu ficava consciente, pedia a Deus que interferisse por mim, que minha família me salvasse daquela tortura. Até que, finalmente, pararam de me drogar. Várias enfermeiras estavam chorando e eu sabia que tinha a ver com o meu bebê.

Ninguém foi lá pra me dar a notícia da morte do meu bebê. Ninguém. Até nisso foram covardes. Eu só queria sair daquele lugar o mais rápido possível. Quando vi o Roberto na porta da maternidade, dei graças a Deus. Ele não permitiria mais que eu ficasse ali, sendo eternamente sedada.

Meu coração de mãe pressentiu que meu filhinho havia morrido. Quem me contou foi o Roberto. Ele nem conseguiu dar direito a notícia, de tanto que chorava. Não consegui chorar na hora, mas passei muito mal.

Saímos do hospital direto para a delegacia, prestar queixa dos médicos que haviam deixado morrer meu bebê. Meu ex-marido ainda tentou conversar, na ouvidoria do hospital, mas nem os nomes dos médicos quiseram dar. Ficaram se fazendo de vítimas, os "coitadinhos". A tal da doutora "Paula" disse que o Roberto estava a ameaçando, de alguma forma. Quer dizer, mentiram descaradamente. Roberto nunca foi essa pessoa, de ameaçar, de ser violento. Nada. É lógico que ele estava nervoso, é lógico que estava alterado, porque tinha acabado de perder o filho! O que queriam? Que ele estivesse calminho o tempo todo? Ainda mais que ficaram escondendo as coisas dele, também. Nós, os pais da criança, ficamos sabendo por último, da morte do nosso próprio filho. Um absurdo isso. Uma falta de respeito!

Eu não queria cesárea, de jeito nenhum, porque sempre tive pavor disso, mas, quando fui internada na maternidade, eu não disse nada! O médico é que tinha que saber o que seria melhor para mim. Se ele dissesse que precisaria de cesárea, eu ia dizer que tudo bem. Mas ele deixou pro último segundo, quando meu bebê já estava com o coração quase parando. Aí que ele resolveu que era a hora da cesárea! Porque eles são assim, né? Não acreditam em nada do que a gente diz, nem escutam a gente. Aí, na hora que o bicho pega, eles são as vítimas. Na hora que tomam um processo nas costas, as vítimas são eles.

Era uma vida, cara... meu filho era uma vida, que não foi respeitada por aquelas pessoas. Uma criança que não fez mal algum a ninguém e não teve nem o direito de nascer, porque os dois médicos que estavam lá, de plantão, resolveram não fazer a cesariana, mesmo me vendo com uma barriga gigantesca, mesmo sabendo do peso do meu bebê. Eu cheguei a mostrar o ultrassom para a doutora Paula e nem assim ela percebeu que era caso de cesárea. Não percebeu ou não quis perceber, né?

Tudo bem, o tempo passou, e olha, sinceramente, não sinto mais raiva de ninguém, não, nem do doutor Bernardo, nem da doutora Paula, apesar de achar que deveriam ter pagado pelo que fizeram ao meu filho. Não pagaram. Tudo bem. Deus sabe de todas as coisas. Podem não pagar aqui, mas algum dia vão ter que acertar as contas com o Pai.

Eu me sinto tranquila, agora. Estou em paz. Tenho certeza de que meu filho está em um bom lugar e a vida segue. Um dia vou rever meu menino. Sinto saudade dele todos os dias e sempre vou sentir, porque amor de mãe nunca termina.

Nesses últimos tempos, cheguei a ver, na televisão, uma entrevista com o doutor Bernardo sobre o meu caso. Cheguei a ficar com pena dele, acredita? Estava acabado, cheio de olheiras, cansado. Dava pra ver que ele não estava bem. Não preciso nem desejar o mal de ninguém, porque aqui se faz, aqui se paga. Deus me livre desejar o mal de alguém, mas quando vi que ele estava daquele jeito, aí que eu percebi que o castigo já tinha vindo a cavalo.

Teve uma vez que ele veio até a porta do meu prédio! Olha que abuso! Isso depois de já estarem sendo processados por mim e pelo Roberto. O porteiro me passou o recado dele, dizendo que apenas queria conversar em paz, sem nenhum ressentimento. Eu ignorei e segui minha vida. Não guardo raiva, nenhuma, não, mas ficar tricotando com o médico que deixou meu filho morrer, aí também já é demais! Minha mãe até me aconselhou a meter processo nele, só por ter ido ao meu apartamento, mas preferi deixar essa passar. Todo mundo já estava envolvido até as tampas com tudo isso. Chega de mais confusão.

Minha bolsa já tinha estourado há bastante tempo, cara. O menino não descia... era pra ele ter arrumado a sala. Sabe o que é isso? São tão donos da verdade que acham que nada vai acontecer com eles ou enquanto tiverem tomando conta. Pois é, mas aconteceu. Que sirva de lição. Entrou gestante com barriga quase explodindo (como foi meu caso), que comecem a considerar, de cara, a cesariana, para essa mulher, mas é lógico isso, gente. Outra coisa é que a sala de cirurgia já tem que estar pronta para casos como o meu, por exemplo. Se minha barriga tivesse sido aberta, naqueles quinze minutos em que as batidas de coração do meu filho começaram a diminuir, nada disso teria acontecido. Mas não. Tem que deixar para o último segundo, para fazer algo que é da alçada deles.

Foi muito triste. Demorou até a "ficha cair". O pior momento foi chegar a casa e ver minha filha com minha mãe correr pros meus braços, me perguntando onde que estava o irmãozinho dela. Eu desabei no choro. Quem explicou a ela o que tinha acontecido foi minha mãe, que era a pessoa que estava mais controlada na casa.

Doutor Bernardo até que esteve comigo quase que o tempo todo, inclusive quando meu bebê estava nascendo. Ele ficava pra lá e pra cá o tempo todo, numa correria só. Dizia que estava saindo, mas que voltaria logo, para garantir que estivesse tudo bem comigo e com o bebê. Ele sempre voltava mesmo. Só durante uma parte da noite que ele ficou mais sumido mesmo, mas depois ficou comigo até o nascimento do meu bebê. Foi sempre educado comigo, disso não posso me queixar. Sempre que ia escutar o coraçãozinho do bebê me pedia licença, sempre que fazia o toque vaginal para examinar o nível de abertura para a passagem do bebê também me pedia licença. Quando a doutora Paula estava presente, ele pedia que ela me examinasse, para que eu me sentisse mais à vontade. Disso não posso reclamar. Educado e atencioso ele foi comigo. Só que não me ouvia. Eu perguntava a ele se não seria melhor fazer logo a cesárea e ele só ficava tentando me acalmar o tempo todo, como se eu estivesse louca, sabe, ou alterada demais. Aí deu no que deu. Perdi meu bebê porque ele não me ouviu.

Roberto, na época, ficou com tanto ódio que queria que eles dois apodrecessem na prisão e que o hospital pegasse fogo. Não largou disso durante muito tempo. Eu respeitava o sentimento dele de raiva. Não ia ficar tentando acalmá-lo, que nem aquela equipe médica fazia comigo, quando eu tentava dizer alguma coisa. Pior coisa que tem é pedir calma a uma pessoa que está tentando falar. Cara, não faz isso... se a pessoa está irritada, deixa ela irritada, pedir calma, numa hora dessa, é uma falta de respeito.

Eu não queria que apodrecessem na cadeia, porque, como médicos, podem salvar vidas. Não quero que vidas de outros bebês deixem de ser salvas porque o meu bebê não pôde ser. Mas acho que, pelo menos, uns cinco anos eles deveriam ficar presos e depois ainda pagar com serviço comunitário.

Chegaram a oferecer autópsia, para determinar oficialmente a causa morte do meu bebê, mas nós recusamos. Não queria que meu menino ficasse numa maca fria, de metal, sendo todo rasgado por um desconhecido. Descobriram que ele tinha ingerido necômio. Fora isso, ele se sufocou com o cordão umbilical. Estava tudo muito claro, não precisava rasgar o corpo inteiro da criança pra saber o que tinha acontecido. Isso ia ser só mais um jeito de enrolar o verdadeiro fato daquela noite que foi quando não fizeram o que tinham que fazer. Não aceitamos autópsia porque ia ser um jeito de eles se safarem muito facilmente, porque médico é tudo amigo um do outro. Aí o legista ia dar um jeito de desviar o foco e apontar uma causa morte que estava na cara que não seria verdade. A gente tinha que manter aquele foco ali. Meu bebê morreu porque a cesariana não foi feita quando deveria ter sido feita. Ponto. Não tem nada de outra causa morte. Foi isso que aconteceu. Eu já conheço essa história. Eles gostam de enrolar com palavras difíceis, pra gente perder o foco de quem que errou ali. O erro foi deles e isso a gente não pode perder de foco!

Sou jovem, ainda, e sim, pretendo ser mãe novamente, estou em paz comigo mesma. Acredito que o Roberto também esteja. O que passou, passou, e vida que segue. As contas a gente deixa pra acertar com Deus. Doutor Bernardo, doutora Paula e aquelas enfermeiras vão responder, um dia, diante de Deus. Não preciso nem me preocupar

Visito meu filho sempre. Levo flores a ele. Faço uma oração por ele. Sempre no dia do aniversário dele eu vou, e minha mãe vem comigo. Já chamei o Roberto para vir junto, mas ele acha isso muito mórbido. Eu não acho. É uma maneira de manter contato com o meu filho, que sei que está vivo em algum lugar. A Emily também vai comigo ao cemitério visitar o irmãozinho e levar flores a ele. Sempre saímos de lá leves. Nada fica pesado, quando a gente não quer.

Acho injusto só culpar os médicos. O diretor e os enfermeiros também tiveram culpa, direta ou indiretamente. Bem ou mal, o doutor Bernardo fez o que pôde, pelo meu bebê, menos fazer a cesariana na hora que tinha que fazer. Ele não deixou de fazer a cesariana de propósito, pra matar o meu bebê. Não acredito nisso. Mas ele errou feio, porque até pra gente que é leigo, estava na cara que eu precisava de uma cesariana, que dirá dois médicos formados!

É isso. Saudade do meu menino eu vou sentir todos os dias da minha vida. Ele viveu por um tempinho dentro da minha barriga, senti os chutezinhos dele, ouvi o coraçãozinho dele bater, no ultrassom. Mas a vida segue. Ele sempre vai ser meu filho, mas a minha vida segue, a da Emily segue, a do Roberto segue. Do lado de lá, também, acredito que os doutores já tenham seguido com suas vidas. Eu sei que eu sou uma mulher forte e sigo com a minha vida. Estou bem, estou feliz e tenho projetos."

CAPÍTULO 21

2021
DÉCIMO ANO COMO RÉU

A tempestade agora começa a se esvair e todos nós começamos a respirar. Ainda assim, alguns detritos ainda ricocheteiam em mim.

Fui recusado como diretor de um hospital, depois de ter sido indicado por uma junta médica especializada. A recusa não teve uma explicação oficial, mas um amigo de lá de dentro disse que foi ainda por causa do caso Carla Barreto. Apenas sorri, diante de uma atitude tão mesquinha e de tanta ignorância. Mas não me entristeço mais com esse tipo de coisa. Sou um médico estigmatizado, e isso é um fato. Mas já está passando. Em algum momento, as portas irão parar de se fechar. Disso não tenho a menor dúvida. Aliás, algumas delas já voltaram a se abrir, para mim. No início desse ano, fui convidado a dar uma série de palestras, no Rio Grande do Sul. Correu tudo às mil maravilhas. É minha credibilidade renascendo.

Em uma certa madrugada, o telefone tocou e eu acordei assustado. Desci as escadas e vi meu filho, mudo, segurando o gancho. Perguntei quem era. Ele levantou os ombros, sinalizando que não sabia. Estava assustado. Peguei o telefone.

— Alô. Quem é?

— ...

— Alô?

— Assassino... — uma voz masculina.

— Quem está falando?!

— Assassino de bebês...

Desligou. Mandei meu filho dormir, mas ele não conseguiu. Fiquei preocupado com esse episódio, mas não o suficiente para ficar assustado. Na manhã seguinte, fui à polícia e fiz um BO. Incidentes como esse não aconteceram mais. Com certeza foi alguém muito infeliz, de vida vazia, que fez aquilo. Talvez alguém ligado à família da Carla, sei lá. Escolhi não pensar mais no assunto.

Demos uma grande festa de aniversário para minha amada sobrinha Cecília, e a família toda estava presente, como nos antigos Natais. Com direito à muita música, como nos antigos Natais. Veio a parentada toda: tio Rogério, tia Margarete, Graziela, Carmen, Ana, minhas irmãs, meus sobrinhos e meus sobrinhos-netos. Também presentes estavam minha esposa e meus filhos, meus sogros, meus cunhados e minha mãe. Graziela tocou piano, tio Rogério tocou acordeon, Carmen tocou flauta, e até Marta se aventurou a tocar piano, depois de anos de afastamento do instrumento. Durou a noite toda. Pela manhã, foram indo embora, um a um. Alguns já meio embriagados, mas leves e felizes. Foi a última grande reunião em família da qual mamãe participou. Um mês depois, ela descansou. Novamente a família toda se reuniu, assim como na festa de aniversário de Cecília. Com toda a parentada. Mas, dessa vez, para a despedida final de dona Rosa. O tempo soube respeitar nosso luto e tratou de chover, para sincronizar nossa tristeza com a da natureza.

Linda alma que você é, mamãe. Vá em paz, na certeza de que cumpriu aqui sua missão com poesia. Quantas pessoas você ajudou, sem pedir nada em troca... quantas meninas grávidas abandonadas você ajudou... seu legado fica. Ele é lindo. É grandioso. Agora você vai se reencontrar com o meu pai, e há muita conversa para pôr em dia! Anos de vida... mande a ele um abraço de todos nós... vou sentir saudade, mãe... você não faz ideia do quanto vai fazer falta na minha vida.

Quanto à declaração da Carla Barreto, apenas algumas considerações, pontuais.

É óbvio que, com relação a vários pontos, ela tem uma visão distorcida do que realmente aconteceu naquela noite, mas isso é normal, já que estava envolvida emocionalmente. Não estou me desfazendo nem diminuindo seus sentimentos, mas a mim me parece que algumas coisas ficaram confusas na mente dela. Uma delas foi essa questão da sedação. Nós a mantivemos, sim, sedada, na maior parte do tempo, para poupá-la do sofrimento da morte do bebê. Não houve o intuito de torturá-la. Jamais! Ela tinha acabado de dar à luz. Seu corpo precisava descansar. Além disso, havia um trauma emocional. A gente precisava preservar nossa paciente, por isso a sedamos.

Mas ela parece se lembrar apenas dos momentos em que tentou, aflita, gritar por socorro. Dessa forma, parece ter se esquecido dos momentos em que chorava inconsolável, quando lembrava que seu bebê tinha morrido, porque a verdade é que, sim, foi dito a ela sobre o falecimento do bebê, mas como deve ter sido um grande trauma, o cérebro dela deve ter bloqueado algumas lembranças.

Outra questão que sempre volta é a cesariana. Por que não dei a ordem, logo de cara, para que a sala de cirurgia fosse preparada? Por causa de um risco iminente de infecção hospitalar, que existe nesse tipo de operação. O caso da gravidez dela tornou-se sério apenas nos últimos quinze minutos de trabalho de parto. Nesse período de tempo, não tem como fazer nada, além de receber o bebê e ver o que ainda dá para fazer, caso esteja acontecendo algo sério com a criança.

Com relação a outras coisas que ela disse, fique tranquila, Carla, eu já estou tendo que acertar minhas contas com Deus, antes mesmo do que você imagina. Você não imagina o inferno pelo qual eu passei durante quase uma década de minha vida. Eu te garanto que valeram bem mais que cinco anos de prisão. Com Paula acredito que não tenha sido muito diferente.

Quanto ao seu sentimento de que você e o pai do seu bebê foram desrespeitados, entendo em algum nível. Apenas atento para o fato de que se tal desrespeito ocorreu, não veio de minha parte, pois tentei diversas vezes interferir a seu favor, pedindo que o óbito do seu bebê fosse comunicado o quanto antes ao seu então marido. Quanto aos nomes dos médicos plantonistas, só depois fiquei sabendo que lhe foram negados. Compartilho de seu sentimento de que isso não deveria ter acontecido. Depois de ter perdido um bebê da maneira como você perdeu, é lógico que o hospital tinha a obrigação de informar os nomes dos médicos plantonistas. Se eu estivesse por perto no momento em que nossos nomes foram solicitados por você e por sua família, eu mesmo teria passado essa informação a você, não me importando com as eventuais consequências burocráticas que recairiam sobre mim.

Quanto a sermos os "donos da verdade" e quanto a não ouvirmos o que vocês, pacientes, nos dizem, em momentos críticos, faço aqui o *mea culpa* se, em algum momento, lhe passei essa impressão. Confesso que muitas vezes agi com certa arrogância, mesmo que disfarçadamente, e talvez tenha me utilizado dela com você, em algum momento, peço desculpa por isso. De maneira geral, busco exatamente não ser esse tipo de médico, porque isso vai muito contra meus princípios, mas isso só não basta. É preciso que, quando eu veja que algum colega meu esteja agindo assim, eu chame atenção dele ou dela, imediatamente.

Carla, aprendi muito com você, apesar de toda dor. Saio fortalecido dessa experiência. O caso da sua gravidez, juntamente com seu relato me fazem abrir os olhos para o fato de que existe um descaso estrutural, sistêmico e cultural, entre os médicos. Isso principalmente no que concerne pacientes de classes sociais mais desfavorecidas. Em seu relato, você denuncia, você grita por justiça. Não veio de minha parte a injustiça que você acreditou ter sofrido quanto à morte do seu bebê. Infelizmente não foi possível uma reconciliação entre mim, você e sua família, mas tudo bem. A vida nem sempre se configura da maneira que queremos.

No dia 08 de maio de 2021, depois de nove anos e 344 dias, a justiça finalmente reconheceu ausência de nexo causal entre a conduta dos acusados, Paula e eu, e o resultado morte. Ou seja, perante a lei, não houve relação entre nossa conduta profissional, como médicos, e a morte de Gustavo, o bebê da Carla. Sendo assim, o Ministério Público requereu nossa absolvição, que foi plenamente cumprida. O caso foi arquivado. Paula e eu fomos completamente absolvidos.

Na verdade busquei saber sobre esse acontecimento de o Ministério Público, que foi meu grande acusador e algoz, depois de tantos anos, requerer a absolvição. Conversei com alguns amigos juristas e todos me informaram que isso é raro e que, sem dúvida, a atuação do advogado de defesa é fundamental para esse tipo de resultado. Fiquei muito feliz, embora nunca tive dúvida sobre a competência e, mais do que isso, a fibra guerreira que o meu teve ao longo de todo esse tempo.

Nossa absolvição trouxe o caso à tona, mais uma vez, nos meios de comunicação, mas, dessa vez, com menos força, porque já se passaram muitos anos, e tanto a mídia quanto a imprensa estão mais preocupados com o coronavírus do que com um caso médico ocorrido em 2012. As pessoas praticamente já esqueceram e as vidas estão voltando à sua normalidade.

Há alguns meses, pouco depois da absolvição, ocorreu algo desagradável. Eu estava em um restaurante com minha esposa, meus filhos, Cecília, Roberto, Marta, Marisa e Sônia, para justamente comemorarmos esse ciclo macabro que terminou. Queríamos brindar ao novo tempo que estava, ali, iniciando. Esse era um outro momento em minha vida e na vida da minha família. No meio a esse momento mágico, avistamos, com algumas mesas de distância, Carla Barreto com sua filha Emily, um rapaz ao lado dela, que não era o Roberto, sua mãe e sua irmã. Assim que nos viram, os semblantes se transtornaram, tanto em nossa mesa quanto na mesa deles. Marta quis se levantar para ir embora, dizendo que não havia clima para ficar ali, mas Sônia protestou veementemente. Não precisamos nos levantar. Carla e sua família levantaram-se rapidamente e saíram do restaurante, todos olhando para nossa mesa, encarando todos nós, principalmente a mim. A expressão da irmã da Carla era um misto de raiva e nojo. Já a expressão da Carla era mais serena. O olhar dela dirigiu-se apenas a mim. Primeiro ela comprimiu os lábios em uma expressão de "Sinto muito que tudo isso tenha acontecido, para todos nós" e depois sorriu para mim. Não havia rancor naquele sorriso. Havia paz. Sorri de volta. Com isso selamos, tacitamente, a paz. Nada mais precisava ser dito.

No dia em que fui ao fórum acertar os últimos detalhes burocráticos da minha absolvição, Sônia apareceu por lá para me fazer uma surpresa. Ela sorriu e disse:

— Tá de carro?

— Não, vim de uber.

— Vamos, eu te levo em casa.

— Tudo bem.

Fomos conversando amenidades, ao longo do caminho. Só fui me dar conta de que ela havia mudado o itinerário, quando estava já estacionando no Parque Lage.

— Você precisa de um descanso, doutor Bernardo, e uma boa de uma caminhada nesse parque maravilhoso, com sua irmã mais velha. Isso vai lhe fazer muito bem.

Enquanto passeávamos por uma das maravilhosas alamedas formadas por pinheiros frondosos, Sônia me revelou que havia comprado duas passagens de avião para a Itália, Milão e Veneza. Já com reservas. Ela tinha preparado tudo.

— Precisamos comemorar essa nova fase, a sua absolvição. Vamos viajar só nós dois. Vamos aprontar todas, na Itália, *bambino mio*!

— Sônia, minha esposa vai querer o divórcio, sabia? Como que você me apronta uma dessa sem nem me avisar?

— Você acha que eu não sei que você é burro amarrado? Eu pensei em tudo! Já conversei com ela. Está tudo bem. Ela adorou a ideia!

— E o hospital? Minhas férias são só em novembro.

— Eu sei. Também pensei nisso. Liguei para lá para perguntar e por isso reservei hotel pra gente justamente nas suas férias.

Quando o avião estava decolando, rumo à Itália, Sônia lia, ao meu lado, algum livro de Edgar Allan Poe. Simplesmente recostei na poltrona, relaxei e fechei os olhos. Involuntariamente um filme me passou pela cabeça, rodando muito rapidamente. Foi desde aquela noite fatídica até o momento de decolagem, mas pulava algumas partes e voltava depois, em uns *flashbacks*. Meu pai começou a aparecer, em algum momento, minha mãe também e todos da nossa família, os que já se foram, inclusive vovó Jandira. Senti as lágrimas quentes rolarem pelo meu rosto. Mesmo de olhos fechados, elas encontravam um jeito de se esgueirar pelas minhas pálpebras e sair. Uma sucessão de imagens festivas, com diálogos, *insights* e *dejá-vùs* dançavam em minha mente, sem que eu as evocasse, até que após um tempo, em uma última cena dessa linda película, apareceu para mim o rosto da Carla, sorrindo...